claudia moreira salles

BEĨ

para Fernando

de olhos bem abertos
eyes wide open

KAREN STEIN

Alguns designers procuram criar peças ousadas e chamativas, enquanto outros preferem fazer pequenos movimentos que podem parecer casuais e até desimportantes à primeira vista, mas, sob um olhar mais atento, se mostram absolutamente decisivos. Claudia Moreira Salles certamente está no segundo grupo, e a obra que construiu em mais de trinta anos prova as virtudes do estudo cuidadoso e do refinamento sutil. Seus móveis não são imediatamente identificados como contemporâneos, pois seu design habita um território indefinido entre o passado e o futuro. Não se trata de ambiguidade, mas de uma intenção, consequência da visão de que o design é parte de uma linha contínua entre conhecimento e curiosidade. Cada nova peça mescla o respeito pelas conquistas de seus precursores com a busca por uma nova maneira de enxergar ou de fazer as coisas.

O processo de Claudia Moreira Salles é guiado, de forma geral, por um olhar atento e pela convicção de que a edição de um design—aquilo que fica de fora—é tão importante quanto a identificação do que é essencial a ele, tão fundamental para o ato criativo quanto o primeiro gesto intuitivo. A poesia da linha e da forma não se perde no pragmatismo da fabricação de coisas, mas ganha vida nesse processo. A designer usa sua experiência de forma leve; assim, ainda que recorra às lições de mentores como Aloísio Magalhães e Karl Heinz Bergmiller e encontre inspiração no seu panteão de ídolos, que inclui figuras como Charles Eames, Mies van der Rohe e Donald Judd, seu trabalho não parece sobrecarregado de referências evidentes. Este livro atesta que a alternativa ao egocentrismo não é a passividade. É possível sobressair mantendo a discrição, exibir confiança e modéstia ao mesmo tempo. Claudia Moreira Salles nos mostra que o impacto duradouro vem não de se destacar provocativamente na multidão, mas de se colocar de modo decidido no meio dela, com os olhos bem abertos.

Some designers are enamored of bold statements that clamor for attention, while others make a succession of small moves that may seem, at first glance, barely deliberate and hardly consequential but prove, on closer inspection, to be absolutely decisive. Claudia Moreira Salles is firmly in the latter group and her work over more than thirty years demonstrates the virtues of careful study and subtle refinement. When you come across a piece of her furniture, it is not immediately identifiable as contemporary, as her designs reside in some indefinite time zone between past and future. This is not equivocation; it is by intention, a consequence of seeing design as part of a continuum between knowledge and curiosity. Each new piece of her furniture combines the respect for the accomplishments of her predecessors with a search for some new way of seeing or doing things.

Overall Moreira Salles's process is guided by an ever watchful eye and the belief that the process of editing—what is left out of a design is as critical as identifying what is essential to it—is as fundamental to the creative act as the first intuitive gesture. For her, the poetry of line and shape is not lost in the pragmatics of making things, but actually given life there. She wears her experience lightly; so, while she draws on the teaching of mentors such as Aloísio Magalhães and Karl Heinz Bergmiller and finds inspiration in her pantheon of heroes, which includes such figures as Charles Eames, Mies van der Rohe, and Donald Judd, her work does not appear burdened by overt references.

As this publication of Moreira Salles's work attests, the alternative to being an attention seeker is not necessarily being a wallflower. It is possible to attract notice and be self-effacing—to exhibit confidence and modesty—at the same time. In fact, Moreira Salles shows us that enduring impact comes not from provocatively standing out in a crowd, but from standing resolutely in it, eyes wide open.

Claudia Moreira Salles: Quando tinha 12 anos viajei à Itália com minha família; foi a primeira vez que reparei que objetos do dia a dia eram feitos com certo cuidado. Eles estavam nas vitrines das lojas. Entendi que alguém nos bastidores estava prestando atenção a esses objetos de uso cotidiano. A primeira peça de que me lembro, naquela época, é a luminária Eclisse, de Vico Magistretti. Não havia reguladores de luz no Brasil então, e gostei da ideia de que era possível ajustar a quantidade de iluminação—podia-se usar a calota giratória de metal e diminuir a luz com o próprio objeto. Dependendo do ajuste era possível criar uma atmosfera diferente. Imediatamente entendi que era uma coisa especial, que fazia algo mais do que uma luminária comum. Era uma peça que tinha função e era divertida. Então acho que Vico Magistretti foi o primeiro designer importante para mim, por causa dessa luminária de que imediatamente gostei e que passei a usar.

Claudia Moreira Salles: When I was 12 years old, I went on a trip to Italy with my family, and that was the first time that I noticed that some everyday objects were made with a certain care. They were in shop windows, in display cases. I understood that someone behind the scenes was actually paying attention to these objects. The first piece that I remember from that time is the Eclisse lamp by Vico Magistretti. There were no dimmers in Brazil back then and I loved the idea that you could adjust the amount of light—that you could use the rotating metal shade and dim the light with the object itself. I immediately understood that it was something special. It did something more than a regular lamp. Depending on the adjustment of the metal shade, it could create a different atmosphere or be used for different things. It was a piece with a function, but also playful and so it made my life better. So, I think Vico Magistretti was the first designer who was important to me, because of his lamp that I started to use and that I immediately loved.

**OLHANDO PARA SUA INFÂNCIA A PARTIR DA PERSPECTIVA
DE HOJE, VOCÊ CONSEGUE DETERMINAR INDICADORES
DE QUE SE TORNARIA DESIGNER?
IF YOU LOOK BACK AT YOUR LIFE GROWING UP WHAT WOULD
YOU SAY ARE THE SIGNS THAT, NOW, FROM THIS PERSPECTIVE,
SEEM TO INDICATE THAT YOU WOULD BECOME A DESIGNER?**

Quando criança eu gostava de desenhar. E era sensível ao ambiente ao meu redor, escolhia os móveis do meu quarto, me divertia em rearrumá-los, era importante para mim. Também tinha consciência de que havia objetos de que eu gostava e outros que não me agradavam; eles eram, em sua maioria, anônimos. Na época havia um antisséptico com a pior embalagem que eu já vira, e eu me perguntava por que ela tinha sido feita de forma tão descuidada. Havia outras coisas — itens do dia a dia — que deixavam fortes impressões. No Brasil muitas vezes usávamos garrafas de barro para água. A textura e a simplicidade da forma dessas garrafas eram lindas. Faziam parte do cotidiano, não eram algo em que as pessoas reparassem ou sobre o que comentassem. Também gostava do nome: *moringa*. Eu tinha uma amiga próxima, Katia Mindlin, cujo pai, Henrique Mindlin, era um importante arquiteto. Minha primeira impressão sobre um interior modernista foi no apartamento deles: mobiliário de Mies van der Rohe misturado com peças brasileiras coloniais e modernistas e obras de arte. Foi a primeira vez que vi um móbile de Alexander Calder. O apartamento tinha sido projetado pelo Henrique, com belas proporções. Era funcional, mas não sem graça. Eu gostava de ir lá. Lembro-me da biblioteca, com prateleiras de jacarandá. Num nível mais baixo, uma das prateleiras era mais funda; podíamos sentar nela, como se fosse um banco, olhar os livros e conversar. A beleza e a informalidade me atraíam. Meu pai era advogado e frequentemente ia a Brasília. Sempre voltava reclamando da inadequação dos prédios em relação ao clima. Eu ficava intrigada pela beleza das imagens de Brasília que via nas revistas e pela experiência dele na cidade. Eram questões importantes para mim, e talvez indicativos da escolha que faria.

As a child, I liked to draw. I was also sensitive to my environment: I chose the furniture that was in my room. It mattered to me. I liked to rearrange it. I was also aware that there were objects that I loved and there were objects that I disliked, but for the most part they were completely anonymous objects. At the time there was an antiseptic in Brazil that had the worst packaging I had ever seen, and I wondered why it was made in such a careless way. There were other things — items from everyday life — that left a strong impression. In Brazil we often used clay bottles to hold water. To me, the touch and the simplicity of the shape of these bottles were beautiful and striking, even though they were part of everyday life and not something people noticed or commented on. I also liked its name: *moringa*. I had a close friend, Katia Mindlin, whose father, Henrique Mindlin, was an important Brazilian architect. My first strong impression of a Modernist interior was their apartment: Mies van der Rohe's furniture mixed with Brazilian Colonial and Modernist pieces and good art. It was the first time I'd seen an Alexander Calder mobile. The apartment was designed by Henrique with beautiful proportions, functional but not bland. I enjoyed going there. I remember the apartment's library: rosewood shelving and, at a lower level, one of the shelves was deeper and we could sit on it, like on a bench, look at the books and talk. The beauty and informality attracted me. My father was a lawyer and he often used to go to Brasília. He always came back complaining of the inadequacy of the buildings with respect to the climate. I was intrigued by the beauty of the images of Brasília that I saw in magazines and his experience of the city. These were issues that mattered to me and perhaps indicative of the choice I would make.

QUANDO VOCÊ DECIDIU ESTUDAR DESIGN?
WHEN DID YOU DECIDE TO STUDY DESIGN?

Em algum momento você precisa pensar sobre o que vai fazer no futuro. No Brasil o sistema universitário é diferente do americano, você tem de escolher muito cedo. Ouvi falar de uma escola no Rio, a Esdi (Escola Superior de Desenho Industrial). Era nova e, apesar de fazer parte da universidade estadual, situava-se fora do *campus*, em uma parte histórica e charmosa do Rio. Havia ali artistas e técnicos ensinando. Essa mistura me atraía. Entendi que ir a essa escola me permitiria estudar o que tinha descoberto na viagem feita com minha família à Itália alguns anos antes — essa coisa nova chamada design. As pessoas que ensinavam lá, na época, eram lendas nas suas várias especialidades. Era instigante tê-las como professores. A maioria dos meus amigos e colegas de classe ia para faculdades de direito, arquitetura ou jornalismo, e eu gostava da ideia de tentar algo diferente. Consegui uma conversa com um dos fundadores da escola, Aloísio Magalhães, que era designer gráfico. Ele também era comprometido em preservar e manter vivas as tradições do artesanato brasileiro; tinha uma visão ampla do país, da importância de aprender o que estava acontecendo no exterior e ao mesmo tempo manter uma ligação com nossa cultura e história. Ele tinha muito encanto e falou lindamente sobre arte e cultura; esse foi o momento decisivo para mim. Tinha 15 anos.

At some point, you have to think of what you're going to do in the future. In Brazil, because of the university system, different from the American, you have to choose very early. I heard about this school in Rio, Esdi (Escola Superior de Desenho Industrial, the College for Industrial Design). It was new, and although part of the state university, it was located separately, in a charming, historical part of Rio. There were artists and technical people teaching. This mixture was attractive to me. I understood that going to this school would allow me to study what I had discovered during a trip I had made with my family to Italy some years earlier — this new thing called design. People who taught at that school at the time were kind of legends in their different areas of expertise. It was appealing to go to a place where you could have those people as teachers. Most of my friends and classmates were going to law, architecture or journalism schools and I liked the idea of trying something different. My parents arranged for me to talk to one of the founders of this university, Aloísio Magalhães, who was a graphic designer. He was also committed to preserving the traditions of Brazilian crafts, keep them alive. He had a broader view of our country, of the importance of learning from what was happening abroad and at the same time an attachment to our culture and history. He was very charming and he spoke beautifully of art and of culture; and so that was the decisive moment for me. I was 15.

QUAIS FORAM OS MOMENTOS MAIS IMPORTANTES DE SUA FORMAÇÃO?
WHAT WERE THE MOST IMPORTANT ASPECTS OF YOUR TRAINING?

Acredito que foi quando entendi que era essencial encontrar uma maneira de abordar um problema de design ou uma encomenda — a necessidade de criar um método. Eu já sabia que intuição, em termos de desenho, não basta;

você tem de olhar para o problema e formular corretamente as questões para poder iniciar o processo. Você precisa fazer perguntas: quais são as possibilidades? Quais são minhas opções se eu fizer isso? Que material vou usar? Quais são as vantagens e desvantagens em fazer as coisas dessa forma ou de outra? Ao ver meus professores trabalhando e ao trabalhar diretamente com eles percebi que não há receita pronta para desenvolver um desenho. Em vez disso aprendi sobre o desenvolvimento de um processo: os passos que você tem de dar para chegar lá.

The most significant aspect of my training was when I understood that it was essential to find a way to approach a design problem or a commission—the need to create a method of doing things. I already knew that instinct alone is not enough when it comes to design, and that you also have to look at the design problem and figure out the right issues in order to start the design process. You need to ask questions: What are the possibilities? What are my options if I do this? What material am I going to use? What are the advantages or disadvantages of doing things one way or another? Seeing my teachers at work and working directly with them, I saw there's not a set recipe to developing a design, but rather I learned about developing a process: the steps you take to get there.

COMO VOCÊ COMEÇOU A TRABALHAR AO SAIR DA FACULDADE?
HOW DID YOU START TO WORK WHEN YOU LEFT SCHOOL?

Quando terminei a faculdade me mudei para São Paulo e comecei a trabalhar na Escriba, uma empresa especializada em móveis para escritório. Eles estavam começando a desenvolver uma linha de móveis para bibliotecas, que era o assunto do meu projeto de conclusão de curso na universidade. O diretor da Escriba, Karl Heinz Bergmiller, foi meu professor e era também diretor do Instituto de Desenho Industrial do Museu de Arte Moderna do Rio de Janeiro, onde tive meu primeiro trabalho como estagiária, num projeto de mobiliário para escolas públicas. Na Escriba aprendi muito sobre como as coisas são planejadas, sobre todos os estágios de produção, sobre como um produto interage com os outros. Nesse contexto, uma peça individual é parte de um sistema maior. O designer-chefe sempre tinha uma solução mais avançada e madura para o produto. Era frustrante, mas eu sabia que estava aprendendo. Além de trabalhar na Escriba tive uma encomenda para fazer móveis para a creche dos funcionários e para a pré-escola de uma empresa em Araxá, Minas Gerais. Como não tinha experiência, chamei um ex-professor e amigo, Pedro Pereira de Souza, para desenvolver o projeto comigo. Esse trabalho tinha menos limitações do que a produção feita em escala industrial, e foi uma indicação de outro caminho possível para minhas atividades como designer.

When I left school I moved to São Paulo and started working at Escriba, a company specialized in office furniture. They were starting to develop a line of library furniture, which was the subject of my final project at the university. The design director of Escriba, Karl Heinz Bergmiller, was my teacher and was also head of the Institute of Industrial Design at the Museum of Modern Art of Rio, where I first worked, as a trainee, on a project of furniture for public schools. At Escriba I learned a lot about how things were planned, all the stages of production, how one product interacted with others. In this context, an individual piece is part of a larger system. The head designer always had a more advanced and mature solution for the product. It was frustrating, but I knew I was learning. Besides this work at Escriba, I had a commission to design furniture for the employee nursery and pre-school at a company in Araxá, Minas Gerais. Due to my lack of experience, I called an ex-teacher and friend, Pedro Pereira de Souza, to develop the project with me. With less constraints than those of industrial-scale production, this project hinted at other possible paths for my activity as a designer.

COMO VOCÊ COMEÇA UM DESENHO? O QUE VEM PRIMEIRO, A IDEIA DA FORMA DE UMA PEÇA OU A DO MATERIAL?
WHEN YOU START WITH A DESIGN, WHAT COMES FIRST, THE IDEA OF THE FORM OF A PIECE OR THE IDEA OF THE MATERIAL?

É interessante constatar que não acontece sempre da mesma maneira. Geralmente é mais fácil quando você tem uma encomenda, já que há requisitos específicos para cumprir, o que dá um ponto de partida. Se você tem uma encomenda de uma mesa de trabalho cuja estrutura tenha de esconder fios, isso direciona o trabalho. É um modo mais fácil de começar, pois você não parte de uma folha de papel em branco. Mas há outros caminhos. Certa vez, recuperei um belo piso de tacos de um apartamento no qual estava fazendo o projeto de reforma. O dono não o queria mais, eu o removi sabendo que ia encontrar alguma utilidade para ele. Mais ou menos na mesma época recebi a encomenda de uma mesa que precisava de uma superfície que aguentasse umidade e calor e outra, mais delicada, que poderia ser uma madeira bonita. Os tacos me ajudaram a moldar a ideia do projeto. Mas às vezes não há uma função específica a cumprir, nem um material que você queira explorar; nesse caso, começo desenhando. Pode haver uma ideia genérica—sobre o tipo de estrutura, por exemplo—, que dá uma direção geral, mas, de resto, trata-se mais do gesto. E o gesto não existe sem experiência. Há coisas ou formas das quais gosto, outras que observei, ou memórias de cadeiras nas quais me sentei e pensei: "Não, o apoio para as costas não devia ser assim"; todas essas informações alimentam o gesto. Na maioria das vezes desenho um móvel para uma encomenda específica ou para meu próprio uso. Mas às vezes começa com um gesto, uma forma. Sento, pego uma pilha de papel e desenho, desenho. Às vezes não dá resultado, às vezes dá.

The nice thing is that it's not always the same way. It's usually easier when you have a commission, for having some specific requirements to fulfill gives you a *point de départ*. You get a commission for a desk that should hide the wiring in its structure, and this gives you a direction. This is an easier way to start, as you're not beginning with just a blank sheet of paper. There was this beautiful old wood parquet flooring that I salvaged from an apartment that I was working on—his owner didn't want it anymore—and I had it removed without knowing what I would do with it though I knew I would find some use for it. Around the same time, I had a commission for a table that needed a surface that could bear water or heat and another surface that could be a beautiful wood, something more fragile. So having this parquet helped shape the idea for the design. But sometimes you don't have a specific function to fulfill or a special material that you want to explore, so I start drawing. There might be an overall idea of, say, a type of structure that gives a general direction, but the rest is more the gesture. And the gesture can't exist without experience. There are things that you like, shapes, or things that you've observed or memories of chairs that you've sat in and thought "no, the back support shouldn't be this way", so all these inputs come and are feeding that gesture. Most of the time I design a piece of furniture for a specific commission or for my own use. But sometimes it begins with a gesture, a shape. I sit and I take a stack of paper and draw and draw. Sometimes no result comes out of it, sometimes it does.

VOCÊ TRABALHA PRINCIPALMENTE COM MADEIRA BRASILEIRA.
O QUE A ATRAI NA MADEIRA? E NA MADEIRA BRASILEIRA EM PARTICULAR?
YOU WORK PRIMARILY IN WOOD, BRAZILIAN WOOD.
WHAT IS IT ABOUT WOOD THAT ATTRACTS YOU AS A MEDIUM?
WHAT ABOUT BRAZILIAN WOOD IN PARTICULAR?

Comecei a trabalhar com madeira não porque decidi que queria usar aquele material em particular, mas como consequência de algumas circunstâncias. Quando trabalhei na fábrica de móveis depois de me formar na universidade, no começo dos anos 1980, notei a disparidade entre a qualidade das peças produzidas em massa no Brasil e a das feitas no exterior. As ferramentas de produção não eram as mesmas. Talvez as fábricas brasileiras não pudessem investir nos mesmos moldes, maquinário e matérias-primas, especialmente em plásticos de alta tecnologia. Então havia esse dilema: você trabalha, pensa na melhor solução possível, sabe que as pessoas fazendo as peças estão dando seu melhor, e mesmo assim os resultados são apenas OK. Ao mesmo tempo eu estava tendo uma experiência diferente com os móveis que fazia sob medida, quando amigos me pediam para desenhar algo, e com Fulvio Nanni, que tinha uma loja em São Paulo onde, além de vender suas próprias criações, representava alguns jovens designers independentes. Para essas peças únicas ou para pequenas séries eu recorria a um marceneiro. O resultado era de uma qualidade muito superior, e aquilo me atraía. É claro que o material em si, a madeira, faz diferença; seu contato é caloroso e seus veios realçam o design. Era mais uma questão de que com esse material e tipo de produção eu tinha um resultado melhor, em termos de qualidade e de estética. Com o tempo, passei a conhecer mais sobre madeira e marcenaria, e me senti confortável e satisfeita com os resultados. As madeiras brasileiras em geral são duras, principalmente aquelas escuras, bonitas. Elas produzem peças pesadas, que não são ideais para cadeiras, mas a qualidade dos veios, as cores e os contrastes são muito atraentes e isso geralmente valoriza o design. Também gosto de madeiras de outros países, como nogueira, carvalho, pinho-de-riga ou *wenge*, para citar algumas das mais comuns. A questão ambiental é importante. É preciso se certificar de que a madeira usada é de extração sustentável, obtida legalmente. O que faz mais sentido é usar madeiras que tiveram uma vida anterior, madeira de demolição. Não é um objetivo fácil de atingir em 100% do tempo, por razões logísticas e de custo.

I started working with wood not because I decided that I wanted to use that material in particular, but rather as a consequence of certain circumstances. When working at the furniture factory, after I graduated from university in the early 1980s, I noticed the gap in quality between a piece of mass-produced furniture made in Brazil and another made abroad. The manufacturing tools were not the same. Maybe then the factories in Brazil could not invest in the same molds, machinery, and raw materials, especially higher tech plastics. So you had this dilemma: you work, you think of the best possible solution, you know that people who are making the pieces are doing their best, yet the results are just okay. At the same time,

I was having a different type of experience with custom-made furniture, in situations when a friend would ask me to design something and with Fulvio Nanni, who had a furniture store in São Paulo where, besides his creations, he represented the work of some young independent designers. For these one-off pieces or small series, I would go to a cabinetmaker. The result was of a much better quality and that attracted me. Of course the material itself, wood, makes a difference; it's lively, in fact almost alive, and the beautiful grains enhance the design. So it was more a question that with this material and manufacturing I had a better result in terms not only of quality but the aesthetics of the pieces. Over time, I grew to know more about wood and woodworking, and felt comfortable and satisfied with the outcomes. Brazilian woods are mostly hard, especially the dark, beautiful ones. They produce heavy pieces, which aren't ideal for chairs, but the quality of the grains, the colors and contrasts are amazingly attractive and that usually adds to a design. I also like woods from other countries like walnut, oak, pine, and wenge, to name some of the more common ones. The environmental issue of the material is an important one. You have to be sure to use woods from a sustainable harvest, that are legally obtained, but what makes more sense is using wood that had a previous life, reclaimed wood. It's not an easy goal to achieve 100% of the time, for logistical and cost reasons.

HÁ UM DESIGN BRASILEIRO?
QUAIS SÃO SUAS CARACTERÍSTICAS E QUALIDADES?
IS THERE SUCH A THING AS "BRAZILIAN DESIGN"?
IF SO, WHAT ARE ITS CHARACTERISTICS AND QUALITIES?

Design é o resultado de referências culturais e de condições econômicas e tecnológicas. O primeiro momento importante do design brasileiro foi durante os anos 1950, em sincronia com a vitalidade da arquitetura modernista e valendo-se do artesanato e da madeira. Havia um sopro do design dinamarquês, mas a expressão daquele período era original e ousada. O design brasileiro contemporâneo tomou forma no começo dos anos 1990, refletindo referências locais e internacionais e as diferentes e originais reações aos materiais e tecnologias disponíveis. Ao pensar sobre esse período, duas tendências ficam claras: o uso da madeira, agora com alternativas sustentáveis, e a exploração de materiais e objetos inesperados, iniciada pelos irmãos Campana, os designers brasileiros mais reconhecidos internacionalmente hoje. As duas vertentes baseiam-se fortemente nas habilidades de artesãos locais. Isso resulta numa linguagem estética plural, mas ainda assim reconhecível.

Design is the result of cultural references, and economic and technological conditions. The first important moment of Brazilian design was during the 1950s,in step with the vitality of Modernist architecture and relying on craftsmanship and the use of wood. There was a breath of Danish design, but the expression of that period was original and daring. The contemporary Brazilian design was shaped in the early 1990s, reflecting the understanding of both local and foreign references and different and original responses to available materials and technologies. When thinking of this period, two trends are clear: the use of wood, now with sustainable alternatives and the exploration of unexpected materials and objects pioneered by the Campana brothers, the most internationally acknowledged Brazilian designers today. Both of these paths are strongly based on the abilities of local craftsmen. This results in a plural yet recognizable aesthetic language.

EXISTEM MUITAS CADEIRAS, MAS PARECE QUE DESENHAR UMA CADEIRA NOVA É UM RITO DE PASSAGEM PARA DESIGNERS, COMO FAZER O SOLILÓQUIO DE HAMLET O É PARA UM ATOR — UM PAPEL DEFINIDOR. O QUE UMA CADEIRA DIZ SOBRE CADA DESIGNER?

THERE ARE SO MANY CHAIRS IN EXISTENCE AND IT SEEMS THAT DESIGNING A NEW CHAIR IS A BIT OF A RITE OF PASSAGE FOR DESIGNERS, LIKE DOING A SOLILOQUY FROM HAMLET IS FOR AN ACTOR — A DEFINING ROLE. WHAT DOES A CHAIR SAY ABOUT EACH DESIGNER?

A cadeira é a peça de mobiliário mais complexa e difícil de desenhar. Depois das roupas, é a coisa que fica mais próxima ao corpo. Uma mesa não precisa se adaptar ao usuário da mesma forma. Claro, é bom que a mesa seja da altura certa e tenha uma superfície agradável, mas a cadeira envolve você de forma mais direta. Se as roupas são uma segunda pele, a cadeira é a terceira. É complexo porque as pessoas usam as coisas de forma muito particular: algumas gostam de se sentar formalmente e outras gostam de ficar mais inclinadas ou de trocar de posição. Durante quatro anos na universidade eu usei a cadeira Arne Jacobsen e ficava desesperada depois de meia hora, porque ela me obrigava a ficar em certa posição. Então a cadeira tem essa complexidade, é o objeto mais difícil de conseguir. É a peça com a qual a maior parte das pessoas se identifica, e como ecoa a forma humana é também a mais icônica. E quando você pensa em grandes designers da história você pensa em suas cadeiras—todas as diferentes cadeiras contam a história do design, a forma como ideias, materiais e tecnologia se desenvolveram e evoluíram ao longo do tempo. Quando desenho uma cadeira não estou fazendo uma peça só para chamar a atenção ou surpreender, mas ainda assim quero que seja diferente do que já fiz. Estou sempre pensando no conforto, e depois penso sobre os materiais e as técnicas disponíveis. Então ela é única, mas não é uma afirmação pela afirmação. Talvez seja o mais próximo de um autorretrato para um designer.

A chair is the most complex and difficult piece of furniture to design. After clothing, it's the closest thing to your body. A table doesn't have to adapt to you in the same way. Of course, it's good for a table to be at the right height and have an appealing surface, but a chair involves you more directly. If clothes are our second skin, then the chair is the third one. It's complex, because people are very particular about how they use things: some people like to sit in a formal way and others like to be more laid back or move between positions. For four years at university I used the Arne Jacobsen chair and I was always desperate after half an hour of sitting, because it makes you stay in a certain position. So there's this complexity of being the most difficult thing to achieve. It's the piece that most people relate to and because it echoes the human form it's also the most iconic. And when you think of great designers throughout history you think of their chair designs — all the different chairs tell the story of design, how ideas, materials and technologies developed and evolved over time. When I design a chair I'm not making a piece just to get attention or to surprise, and yet I want it to be different from what I've already done. I'm always thinking about the comfort and then I think about the materials and techniques that are available to me. So it's unique but not a statement for the sake of statement. For a designer, it is perhaps the closest thing to a self-portrait.

O QUE MOTIVA CADA NOVA CADEIRA?
WHAT MOTIVATES EACH NEW CHAIR?

Enquanto você estiver trabalhando como designer sempre haverá o objetivo da próxima cadeira. Sempre há uma nova encomenda. É como um exercício mental, um desafio e, depois, quando as pessoas gostam e você vê que conseguiu uma boa combinação entre conforto e forma, uma satisfação. Geralmente não se vende só uma cadeira de jantar; são vendidas seis ou oito de uma vez. Então, do ponto de vista comercial, é uma boa peça para o portfólio. Algumas situações incitam o desenvolvimento de produtos. Uma vez vi um livro chamado *Minimalist Design* [Design minimalista]. A ilustração da capa era o perfil de uma cadeira extremamente esquemática. Era linda, mas de maneira alguma seria confortável daquele jeito; no entanto, se incluísse um apoio para as costas inclinado no ângulo certo, poderia continuar simples sendo ergonomicamente eficiente. Foi o que fiz, e a chamei de Quase Mínima. Cada novo design de cadeira significa continuação, crescimento e desenvolvimento das ideias de seu autor. Depois de certo período sem trabalhar num design novo, você tem aquela sensação: "agora é hora de fazer mais uma".

As long as you're working as a designer there's always the goal of the next chair. There's always a new commission, and also it's like a mental workout, a challenge and then, later, a satisfaction when people like it, and it's a good mix of comfort and shape. You don't typically sell just one dining chair. You'll probably sell six or eight at a time. So, from a commercial point of view, it is a good piece to have in your portfolio. Some situations provoke the development of products. Once I was at a bookshop and there was a book called *Minimalist Design*. The illustration on the cover was the profile of a chair, extremely schematic. It was beautiful, though in no way would it be comfortable like that, but adding an inclined backrest at the proper angle it could still be simple and ergonomically competent. That's what I did and I called it: Quase Mínima [Almost Minimum]. Each new chair design is a matter of continuing, growing, and developing your ideas. After a certain period of not working on a new chair design, you get that feeling: "Now it's time to do another chair."

E COMO VOCÊ DESENVOLVE UM DESIGN?
AND HOW DO YOU DEVELOP A DESIGN?

Geralmente elaboro o conceito do que foi encomendado ou alguma ideia que propus desenvolver. Depois, começo a esboçar, colocar materiais juntos; quando a ideia e a forma estão maduras, peço a alguém da minha equipe para fazer um desenho no computador em que eu possa checar escala, proporções e detalhes construtivos. Se for uma cadeira, faço um desenho em tamanho real, penduro na parede, olho e faço modificações. Leva dias. Posso fazer um modelo menor, mas uma maquete na escala (*mock-up*) é essencial para testar a ergonomia, o equilíbrio, a estabilidade e o potencial do desenho inicial. Depois volto aos desenhos técnicos para alguns ajustes. Posso fazer mudanças, mas chega um momento em que digo: está pronto. Vamos construir o protótipo. Ver um produto tomando vida é empolgante e pode haver muitas surpresas. Não uso desenhos tridimensionais em computador na fase de desenvolvimento, especialmente para cadeiras. Preciso de algo mais concreto.

Usually I elaborate the concept of the commission or some idea I want to develop. Then I start sketching, putting the eventual materials together and, when the idea and form are mature, I ask someone from my team to do a computer drawing with all views, where I can check scale, proportions, and construction details. If it's a chair, I do a full scale drawing, hang it on the wall, look and make changes. It takes days. I can make a small model but a mock-up is essential to test the ergonomics, balance and stability and the full potential of the initial drawing. Then, I go back to the technical drawings for some adjustments. I may make more changes but then there is a moment when I say: it's ready. Let's build the prototype. To see a new product coming to life is very exciting and it can be full of surprises. I don't use three-dimensional digital renderings in the development phase, especially for chairs. I need something more hands-on.

QUAL A IMPORTÂNCIA DA COR E DA TEXTURA EM SEU TRABALHO?
HOW IMPORTANT ARE COLOR AND TEXTURE IN YOUR WORK?

Textura é importante para meu trabalho. Não só a aparência dos veios da madeira, mas também a sensação da superfície. Importo-me com o aspecto visual e tátil dos materiais. Também procuro o contraste de texturas. Às vezes um material não tão especial muda e se torna mais atraente quando colocado ao lado de outro. A justaposição pode torná-los mais interessantes do que se estivessem sozinhos. Cor é uma questão diferente, porque ao se trabalhar com a madeira já se lida com ela, e às vezes com mais de uma. O pau-ferro, por exemplo, é marrom-escuro e tem veios quase brancos. Às vezes é difícil misturar cores. Tonalidades neutras combinam melhor entre si. Nos meus móveis uso cor por motivos específicos. Os bancos que fiz para o Museu de Arte Moderna no Rio (p.38) eram de madeira reciclada, mas, como o piso do museu era de cimento preto, fiquei com medo de que não fossem realçados. Decidi pintar alguns dos bancos de vermelho, com uma finalização opaca. As partes vermelhas contrastaram fortemente com a madeira reciclada, dando uma qualidade gráfica à peça. De que outros modos uso cor? Às vezes no estofamento, só como um detalhe. No Hotel Americano, em Nova York, usei alguns botões coloridos no sofá. Se eu trabalhasse com plástico me divertiria usando cor, mas a madeira não ganha muito com isso. Gosto de usar cor em escritórios, sobretudo em espaços grandes, quebra a monotonia. Pode ser nos móveis ou nas paredes. O Brasil já é cheio de luz e cor. Se eu morasse na Escandinávia seria diferente—mas, nesse caso, tudo seria diferente.

Texture is very important, not just the appearance of the wood grain, but also the feel of the surface. I care about both the tactile and the visual aspect of materials. I also seek the contrast of textures. Sometimes the material at hand might not be so special but it changes and becomes more appealing if associated with another. Juxtaposition can make materials more interesting than if they were alone. Color is a different issue, because when you work with wood you already deal with a color—and sometimes more than one. *Pau-ferro*, a Brazilian hard wood, is dark brown and its veins are nearly white. Sometimes it's difficult when you mix colors. Neutral tones match better. In my furniture I use color for particular reasons. The benches I did for the Museum of Modern Art in Rio (p.38) were made of recycled wood. But since the floor of the museum was of black concrete, I was worried that you wouldn't see the furniture. So some of the benches were painted red, with a very flat finish. The red parts have a strong contrast with the recycled wood, giving a graphic quality to the piece. How else do I use color? Sometimes I use it in the upholstery just as a detail. At the Hotel Americano, in New York, I put some colored buttons on the sofa. I like using color in large office spaces to break monotony. It can be either on walls or furniture. If I worked with plastics I would amuse myself using color, but wood does not gain much with it. Brazil is already full of light and color. If I lived in a Scandinavian country, it would be different, but, then, everything else would be different as well.

COMO VOCÊ DEFINIRIA SUA OBRA? QUAIS ADJETIVOS USARIA PARA DESCREVÊ-LA?
WHAT ARE THE ADJECTIVES YOU WOULD USE TO DESCRIBE YOUR WORK?

Busco um propósito no que faço. Minhas peças são funcionais e tento explorar, da melhor maneira possível, o potencial de materiais, técnicas e ferramentas. Em relação à forma, procuro a simplicidade, a leveza e o equilíbrio. Gosto de formas serenas em vez de ruidosas, que parecem ter a intenção de ostentar seu conceito e propósito.

I seek a purpose in what I do. My pieces are functional and I try to explore, in the best possible way, the potential of materials, crafts and tools. Regarding form, I pursue simplicity, lightness and balance. I like quiet shapes instead of noisy ones, which seem intended to boast their concept and purpose.

HÁ UM FIO NARRATIVO COMUM EM TODOS OS SEUS PROJETOS — DE INTERIORES A PEÇAS INDIVIDUAIS DE MOBILIÁRIO?
IS THERE A COMMON NARRATIVE THREAD IN ALL OF YOUR PROJECTS — FROM INTERIORS TO INDIVIDUAL FURNITURE PIECES?

As questões que abordo nos móveis que desenho são as mesmas dos interiores: simplicidade, funcionalidade, exploração de diferentes nuances e texturas de materiais, leveza e, eu diria, transparência. Gosto de telas, muxarabis, treliças, palhinha. Todos são elementos que permitem a visão de um espaço através de outro. Para mim um dos arquétipos mais belos é a casa Farnsworth, de Mies van der Rohe. A estrutura de apoio do teto e a superfície do chão e como esses elementos se articulam são meu ideal de beleza. Desenhei um sofá chamado São Conrado (p. 125) que lembra o diagrama estrutural dessa casa. Comecei a desenhar o sofá pela parte de trás, deslocando o pé traseiro para mais longe da borda. Só de fazer isso já consegui uma característica formal que procuro em meu trabalho, uma sensação de estar flutuando. Essas referências de arquitetura, de interiores e de design se alimentam constantemente.

The subjects I pursue in the furniture I design are the same for the interiors: simplicity; functionality; exploration of different shades and textures of materials; lightness; and, I would add, transparency. I like screens, *muxarabis*, trellises, *palhinha* [a kind of straw]; they're all devices that allow you to see from one space through to another. For me, one of the most beautiful archetypes is Mies van der Rohe's Farnsworth House. The structure that supports the roof and the floor plane and how these elements are articulated are my ideal of beauty. I designed a sofa called São Conrado (p. 125) that has a resemblance to the structural diagram of that house. I started drawing the sofa from the back, moving the back feet in from the edge. Just by doing this I achieved a formal characteristic that I seek in my work, a sense of floating. So these references from architecture, interiors and design are constantly feeding each other.

QUAL É O MAL-ENTENDIDO MAIS COMUM SOBRE A PROFISSÃO DE DESIGNER OU SOBRE O PROCESSO DO DESIGN?
WHAT IS THE MOST COMMONLY MISUNDERSTANDING ABOUT BEING A DESIGNER OR ABOUT THE DESIGN PROCESS ITSELF?

No que se refere ao design hoje, as pessoas em geral querem ser surpreendidas. De alguma forma isso é positivo, porque coisas boas podem surgir dessa busca pela novidade, mas a reinvenção da roda nem sempre resulta em um bom produto. Há coisas bobas feitas apenas com o objetivo de ser diferente ou se destacar. Recentemente vi em uma revista uma fotografia de uns pratos. Toda a decoração ficava no lado de baixo do prato e o logo do fabricante era impresso na parte de cima. Esse é o tipo de afirmação que vem, talvez, da arte conceitual, mas será que você precisa ser lembrado de um conceito toda vez que for comer? Com a quantidade de mídia hoje—revistas, jornais, televisão, internet—a necessidade de atenção imediata prevalece. Isso faz algumas pessoas pensarem que o bom design é a peça que surpreende. É um mal-entendido sobre o que é o design.

When it comes to design today, people generally want to be surprised. In some ways that's positive, because good things can come out of this search for innovation, but the reinvention of the wheel doesn't always result in a good product. There are stupid things made just for the sake of being different or standing out. Recently I saw a photograph in a magazine of some new dishes. All the decoration was on the bottom of the dishes and the manufacturer's stamp was printed on the top. This is the kind of statement that comes, maybe, from conceptual art. But do you have to be reminded of a concept every time you eat? With the enormous amount of media today—magazines, newspapers, television, YouTube—the need to get instant attention prevails. This makes some people think that good design is the piece that surprises you. This is a misunderstanding of what design is.

HÁ UMA PEÇA FEITA POR OUTRA PESSOA, EM TEMPOS RECENTES OU NO PASSADO, QUE VOCÊ DESEJARIA TER DESENHADO?
IS THERE A PIECE OF FURNITURE DONE BY SOMEONE ELSE EITHER IN RECENT TIMES OR IN ANOTHER ERA THAT YOU WISHED YOU HAD DESIGNED?

Sim, várias. Para começar, a luminária Arco, de Achille Castiglioni, por sua forma e pela combinação elegante entre materiais e funcionalidade. É simples e ousada. Por aqui, a luminária Bossa, de Fernando Prado, é genial pela simplicidade, beleza e funcionalidade—e me remete a meu primeiro objeto-fetiche de design, a Eclisse de Magistretti. No geral, admiro o mobiliário desenhado pelos irmãos Bouroullec, que trabalham em Paris. As peças são divertidas e ao mesmo tempo racionais. Ronan e Erwan Bouroullec entendem as propriedades dos materiais com os quais trabalham, seja para uma peça de produção em massa, seja para uma produção mais artesanal e limitada. Eles conseguem equilibrar a poesia do design e o pragmatismo do processo. Suas peças têm senso de humor, uma clara expressão sobre sua construção e certa "característica Bouroullec"; acho fantástico conseguir essas três coisas em uma peça. Vi uma exposição de seus desenhos artísticos e é possível perceber nitidamente que os produtos vêm deles.

Yes, lots. For one, the Arco floor lamp by Achille Castiglioni, for its shape and elegant combination of materials and functionality. It's simple and daring. In Brazil, the pendant lamp Bossa, designed by Fernando Prado, is amazing for it's simplicity, beauty and functionality. It reminds me of my first fetish design object, the Eclisse lamp by Vico Magistretti. Overall, I admire the furniture designed by the Bouroullec brothers, Ronan and Erwan Bouroullec, who are based in Paris. The pieces are playful and at the same time very rational. The Bouroullecs understand the properties of the materials they're working with, whether it's for a piece that will be mass-produced or for a more limited craft production. They manage to balance the poetry of design and the pragmatics of the process. Their pieces emit sense of humor, a clear expression of their construction, and a certain Bouroullec signature and I think it's fantastic when you can manage to have these three things in one piece. I've seen an exhibition of their artistic drawings their sketches and you can recognize that their products clearly come from these drawings—there is a clear expression of their hand.

QUAIS SÃO OS TALENTOS NECESSÁRIOS PARA UM BOM DESIGNER?
WHAT ARE THE NECESSARY TALENTS FOR A GOOD DESIGNER?

Curiosidade, coerência e clareza quanto às habilidades técnicas e limitações de fabricação.

Curiosity, coherence, and clarity regarding technical skills and manufacturing limitations.

SER MULHER TEM ALGUM IMPACTO ESPECÍFICO EM SEU TRABALHO OU NA ADMINISTRAÇÃO DE UM ATELIÊ DE DESIGN?
DOES BEING A WOMAN HAVE ANY SPECIFIC IMPACT ON YOUR DESIGN WORK OR IN RUNNING A DESIGN STUDIO?

É difícil pensar em gênero no design, na arquitetura ou em qualquer produção artística sem recorrer a estereótipos. Alguns detalhes de meu mobiliário poderiam ser considerados femininos, como o uso de bordados ou de botões de madrepérola vermelha. Eles são delicados e podem parecer estar no território do feminino, embora hoje essas fronteiras não existam de fato. Design não é uma profissão na qual você tenha de lidar com uma forte estrutura de dominação, na maior parte dos casos. Se fosse, seria mais difícil para as mulheres, e elas seriam obrigadas a ser mais assertivas.

It's difficult to think of gender in design, architecture or any artistic production without invoking stereotypes. Some details in my furniture could be considered feminine, like the use of embroidery or red mother-of-pearl buttons. They are delicate and may seem related to the domain of women, though today these boundaries don't really exist. Design is not a profession where you have to deal with a strong power structure, most of the time. If it were, that would make it more difficult for women and would force them to be more assertive.

VOCÊ FEZ ALGUNS TRABALHOS FORA DO BRASIL. O PROCESSO É DIFERENTE?
YOU'VE DONE SOME WORK OUTSIDE OF BRAZIL. IS THE PROCESS ANY DIFFERENT?

O processo de design não é diferente em projetos fora do Brasil, pelo menos na minha experiência. Fiz alguns trabalhos, uma biblioteca e alguns móveis, para uma casa na Finlândia em 2006. Logo no início ficou claro o que os clientes queriam e como tudo seria feito. Na Finlândia as pessoas são muito mais preocupadas com a economia de tempo e espaço: eles tinham um terreno grande, mas construíram uma casa e uma biblioteca exatamente do tamanho de que precisavam, não mais. A relação com o espaço e com os perigos do excesso faz parte da cultura deles. Eles também são muito diretos e pragmáticos, o que talvez não sejam características brasileiras, pelo menos de acordo com os estereótipos. No Brasil as reuniões tendem a ter um aquecimento antes de começar, ficam mais focadas depois. O meu processo de trabalho, em si, não muda; a metodologia é aplicável em qualquer lugar. Madeira e outros materiais são usados de forma mais moderada, especialmente em países do norte da Europa. Nós brasileiros tendemos a ser menos econômicos. Nunca trabalhei com um fabricante no exterior, mas visitei alguns e pude perceber que há uma grande diferença nos recursos disponíveis para os designers desenvolverem seus projetos—os materiais, a tecnologia, o apoio técnico e o envolvimento direto dos donos ou dos diretores que encomendam o trabalho.

The design process isn't different, at least in my experience. I did some work, a library and some pieces of furniture, for a house in Finland in 2006. Right away it was clear what the clients wanted and how everything would be done. In Finland, people are much more conscious of conserving space and time: they had a big piece of land; they built a house and a library exactly the size that they needed, no more. Their relation to space and to the dangers of excess is part of their culture. They are also very straightforward and pragmatic, which may not be Brazilian characteristics, at least according to stereotypes. In Brazil, meetings tend to have a warm-up before starting, but then, after that, it can get very focused. But it doesn't change my method of working. The methodology is applicable everywhere. Wood and other materials are used more sparingly, especially in northern European countries. We Brazilians tend to be more heavy users. I've never worked with a manufacturer abroad, but I've visited some and could see a difference, especially in the resources available to designers — materials, technology, technical support, and the direct involvement of the owners or directors that commission the work.

VOCÊ PREFERE TRABALHAR PRINCIPALMENTE NO BRASIL OU ESTÁ INTERESSADA EM FAZER MAIS PROJETOS EM OUTROS LUGARES? DO YOU PREFER TO WORK MOSTLY IN BRAZIL OR ARE YOU INTERESTED IN DOING MORE PROJECTS ELSEWHERE?

O Brasil não é um mercado grande como a China, mas está crescendo. Os consumidores estão aprendendo a exigir mais qualidade e é importante ter esse padrão reconhecido. Trabalhar no exterior é sempre uma experiência rica porque você conhece pessoas, vê diferentes métodos e, de tempos em tempos, se distancia do que faz; é uma experiência de crescimento.

Brazil is not a big market like China, but it is a growing market. Consumers are learning to demand higher quality and, for me, it's important to have that standard recognized. Working abroad is always a rich experience because you meet new people, see different approaches. From time to time, having a distance from what you do is a growing experience.

QUEM SÃO SEUS ÍDOLOS NO DESIGN?
WHO ARE YOUR HEROES IN DESIGN?

Admiro muitos designers escandinavos da primeira metade do século XX. Quando comecei a trabalhar com madeira encontrei um livro sobre o mobiliário deles que me apresentou a importância de fazer móveis leves e confortáveis, respeitando o material. Eles faziam móveis atraentes para o olhar, que você pode se imaginar usando, cadeiras nas quais gostaria de se sentar. Acho Hans Wegner fantástico. Poul Kjaerholm não fez muitas peças, mas o que fez é lindo. No Brasil, Sergio Rodrigues e Joaquim Tenreiro tiveram grande influência sobre mim. É fantástico ver como seus designs ainda hoje são cobiçados. Sergio fez em 1957 a poltrona Mole, uma combinação de um belo trabalho de marcenaria com a criatividade, usando técnicas da fabricação de selas adaptadas ao estofamento e à estrutura do assento. É a qualidade geral do trabalho que me atrai; há substância ali. Também admiro mestres do design italiano como Achille Castiglioni e, é claro, Vico Magistretti, que mencionei anteriormente. Talvez esses três grupos tenham tido mais influência em minha obra, mas uma lista de ídolos seria longa. Charles Eames era um gênio. Seu trabalho com tecnologia e forma é incrível e seus produtos fazem a vida das pessoas melhor. Tenho ídolos no campo da arte, principalmente naquela fronteira confusa entre arte e design. Os artistas minimalistas, em especial Donald Judd, cujo mobiliário e objetos são pura proporção, ritmo e precisão, são uma influência. Essas são as características mais importantes para mim.

I admire many of the Scandinavian designers of the first half of the 20th century. When I started working with wood I came across a book about their furniture. It introduced me to the importance of making furniture that is light and comfortable and respectful to its material. They made furniture that wasn't just appealing to the eye at but that you could also imagine using, chairs you would want to sit in. I think Hans Wegner is fantastic. Poul Kjaerholm didn't make a large number of pieces, but I think what he's done is beautiful. In Brazil, Sergio Rodrigues and Joaquim Tenreiro had a big influence on me. It's fantastic to see how their designs are still coveted by young people today. In 1957 Sergio did the Mole chair, which is a brilliant match of beautiful woodworking with the creativeness of using saddle making techniques to tailor the upholstery. It's the overall quality of the work that attracts me; there's substance to it. I also admire masters of the Italian design like Achille Castiglioni and, of course, Vico Magistretti, who I mentioned earlier. Maybe these three groups were the most influential for my work but a real list of heroes would be a long one. Charles Eames was a genius. His work with technology and form is amazing. His products make people's lives better. I have heroes in the art field, particularly in that blurry border between art and design. The Minimalist artists, especially Donald Judd, whose furniture and objects are pure proportion, rhythm and precision, are an influence. These qualities are the most important to me.

HÁ UM "PENSAMENTO DO DESIGN"?
IS THERE SUCH A THING AS "DESIGN THINKING"?

Pensar sobre design é considerar o processo. Designers lidam com problemas e os resolvem por meio de projetos. Alguns são mais instintivos; outros, racionais ou mais provocativos, mas a clareza de propósito em relação ao velho binômio forma/função é o que guia o pensamento do design.

Design thinking is about a process. Designers faced with a particular problem or a specific commission may react in different ways. Some are more rational, others more instinctive or more intentionally conservative or provocative. But all should have a clear understanding of form and function, which actually guide the design thinking.

HÁ ALGUM TIPO DE PROJETO QUE VOCÊ NÃO FEZ AINDA E GOSTARIA DE FAZER?
ARE THERE CERTAIN TYPES OF PROJECTS THAT YOU HAVEN'T DONE YET AND WOULD STILL LIKE TO DO?

Apesar de trabalhar mais com métodos artesanais e oficinas, gostaria de experimentar a produção em larga escala. Adoraria fazer uma cadeira de plástico, por exemplo, algo que não fosse caro. É um desafio fazer uma cadeira de plástico confortável e bonita. Quanto a interiores, gostaria de projetar o interior de um hotel. Seria desafiador porque esses clientes são cautelosos em relação aos custos, e ao mesmo tempo eu gostaria que tudo fosse bem feito.

Although I've chosen to work more with craft methods and workshops than with industrial production, I would like to experiment more with mass-production. I would love to do a plastic chair, for example, something that's not expensive. It's a challenge to create a plastic chair that's both comfortable and beautiful. As for interiors, I would like to design the interior of a hotel. That would be a challenge because hotel clients are cautious about costs and I would still want everything to be well made.

SE VOCÊ NÃO FOSSE DESIGNER OU ARQUITETA, QUE OUTRA CARREIRA TERIA ESCOLHIDO?
IF YOU HADN'T BEEN A DESIGNER OR ARCHITECT WHAT OTHER CAREER WOULD YOU HAVE PURSUED?

Tenho interesse em história, mas não estou certa do que isso significaria como escolha profissional. Pesquisadora ou especialista em determinado período? Provavelmente não. Talvez eu escolhesse cenografia.

I'm interested in history, but I'm not sure what that would have meant as a far as a career choice. Researcher or specialist in a certain period? Probably not. Maybe I would have chosen stage design.

QUE CONSELHO VOCÊ DARIA A JOVENS DESIGNERS QUE ESTÃO COMEÇANDO NA CARREIRA?
WHAT ADVICE WOULD YOU GIVE TO YOUNG DESIGNERS WHO ARE BEGINNING THEIR CAREER?

Seja curioso. Comece a observar as coisas ao seu redor e tente entender o que está experimentando. É a melhor maneira de treinar sua sensibilidade visual e desenvolver ideias criativas. Arte, música, literatura, tudo estimula a imaginação. Observe o ambiente, os interiores, as ruas e a cidade. Tente entender, não apenas conceitualmente, como e por que as coisas são feitas de determinada maneira. Você faria diferente? Todo pensamento criativo baseia-se na habilidade de ver, armazenar informação e emoção e aplicar habilidades técnicas ao desenvolvimento de sua própria linguagem. É importante entender para quem você está desenhando e qual é o contexto da produção, e interagir diretamente com os fabricantes. Quanto mais próximo da produção um designer está, mais maduro e consistente será seu trabalho. Uma carreira em design não é algo que acontece instantaneamente.

Hoje em dia há muita pressa para fazer as coisas, as pessoas estão menos pacientes. Vivemos em um mundo de celebridades instantâneas. Jovens designers são tentados a produzir peças de impacto que divirtam editores e curadores, mas o verdadeiro design é um processo.

Be curious. Start looking at things around you and try to understand what you're experiencing. That's the best way to train your visual sensibilities and develop creative ideas. Art, music, literature, all forms of art stimulate the imagination. Look at the environment, interiors, streets and the city. Try to understand why things are done in a certain way, not only the concept but also the way they're made. Would you do it differently? All creative thinking is based on the ability to see, store information and emotion, and apply technical skill to develop your own language. It's important to understand for whom you're designing, the production context, and to have a direct interaction with manufacturers. The closer a designer is to production, the more mature and consistent their work will be. A design career is not something that happens instantly. There is a rush to do things these days; people are less patient. We live in a world of instant celebrities. Young designers are tempted to create impact pieces that will amuse editors and curators. Real design is a process.

**QUAIS SÃO AS TRÊS PALAVRAS QUE VOCÊ USARIA
PARA RESUMIR SUA CARREIRA ATÉ AGORA?**
**WHAT ARE THE THREE WORDS THAT YOU WOULD USE
TO SUMMARIZE YOUR CAREER SO FAR?**

Pretendo me expressar através de meu trabalho; ter coerência entre aquilo em que acredito e o que faço. Procuro reduzir objetos ao essencial, eliminando o desnecessário. Aspiro a uma simplicidade na qual acessórios não são necessários. Para mim, há beleza nas coisas bem feitas e completas em si mesmas. Minha profissão me dá o prazer de trabalhar com clientes, com a equipe do meu ateliê e com os artesãos que constroem minhas peças. O prazer vem tanto das pessoas quanto dos objetos. Portanto, eu diria que as três palavras que resumem minha carreira até agora seriam: coerência, simplicidade e prazer.

I aim to express myself through my work; to have an overall coherence in what I believe and what I do. In my work, I'm focused on the idea of reducing objects to the essential, eliminating the unnecessary. I strive for a simplicity where accessories are not needed. To me, there's beauty in things that are well done and complete in themselves. My practice gives me the pleasure of working with clients, the team at my studio, and the craftsmen who build my pieces. The joy comes from the relationship with both people and objects. Therefore I would say the three words that summarize my career so far would be: coherence, simplicity, and pleasure.

ENTREVISTA FEITA POR KAREN STEIN, EM DEZEMBRO DE 2012
INTERVIEW BY KAREN STEIN, DECEMBER 2012

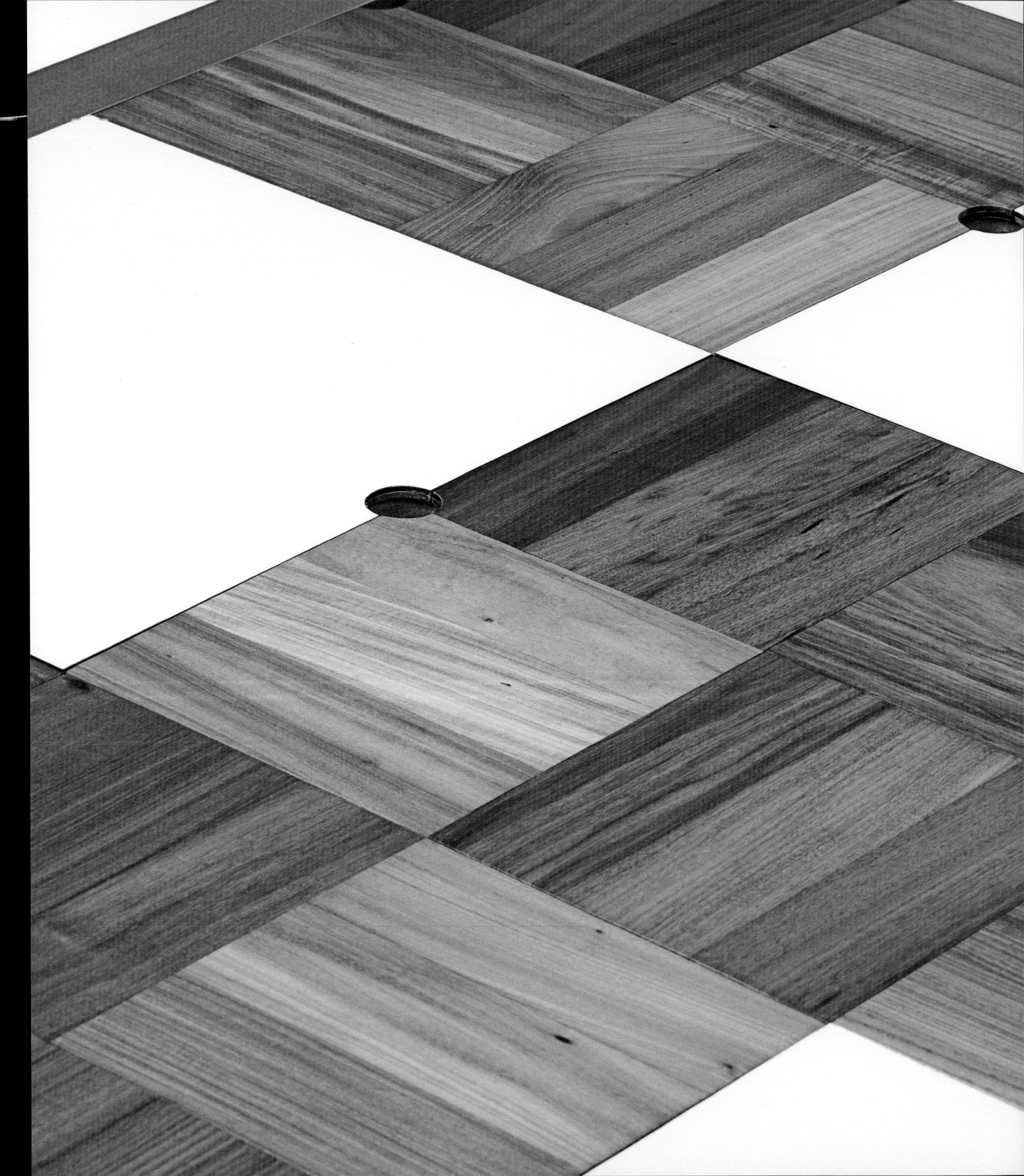

caminhos criativos
creative paths

LUMINÁRIA DE MESA E ARANDELA CANTANTE [2008/2009]
CANTANTE TABLE LAMP AND SCONCE

A Bertolucci, empresa que produz e comercializa luminárias, reuniu em 2008 alguns designers para a criação de peças que utilizassem madeira. O primeiro encontro que tivemos para discutir a ideia foi na Etel, loja especializada em móveis com design de alta qualidade, parceira da Bertolucci no projeto. Próximo à mesa em que estávamos havia uma estante com peças torneadas de diversas formas e madeiras. Ocorreu-me que um ponto de partida seria criar uma estrutura que iluminasse uma dessas peças de madeira, salientando o desenho dos veios e a tonalidade do material. Escolhi uma das peças—um *bowl* ovalado, desenhado por Etel Carmona—e fiz o primeiro croqui da luminária. O desenho do perfil da peça assemelhava--se a uma pessoa cantando ao microfone. Daí o nome. Parti do mesmo desenho para fazer uma arandela.

Em 2009, Clarissa Schneider, então editora da revista *Casa Vogue*, pediu a um grupo de designers que fizessem uma peça homenageando a Bauhaus, que completava 90 anos. Como havia pouco tempo, decidi adaptar alguma peça existente. Escolhi substituir o bowl da Cantante por um disco metálico, que daria mais reflexão para a luz e seria simples de executar. A versão em cobre rosa foi feita em 2011, por ocasião do Salão Design São Paulo, sugerida pela Bertolucci, para criar uma edição limitada.

In 2008, Bertolucci, a company that designs and sells light fixtures, brought several designers together to work on pieces utilizing wood. Our first meeting was at Etel Workshop, a store specializing in high-end furniture, which was partnering with Bertolucci on the project. Near our table there was a bookcase with pieces done in various shapes and woods. It occurred to me that a point of departure could be the creation of a structure to illuminate one of those pieces, bringing out the grain and the tonality of the wood. I chose one of them—an oval-shaped bowl designed by Etel Carmona—and used it for the first sketch of the lamp. In profile it looked like someone singing at a microphone; hence the name. I took the same design as a jumping-off point for a sconce.

In 2009, Clarissa Schneider, then editor of the magazine *Casa Vogue*, asked a group of designers to turn out a piece honoring the 90th anniversary of Bauhaus. Since we didn't have much time, I decided to adapt an existing design that could somehow reflect some of the ideas of the German school. I chose to substitute the Cantante bowl for a metallic disk, which would reflect more of the light and be simple to execute. The version in pink copper was put out as a limited edition in 2011, at Bertolucci's suggestion, for the Salão Design São Paulo.

BANCOS MAM [2010]
MAM BENCHES

Em 2010, Luiz Camillo Osório, curador do Museu de Arte Moderna do Rio de Janeiro, pediu-me para desenvolver assentos para as áreas de descanso do museu. A admiração pela arquitetura do prédio e minha ligação afetiva com a instituição—no Instituto de Desenho Industrial do MAM tive minha primeira experiência profissional, como estagiária em um projeto de mobiliário para escolas—foram uma motivação especial para projeto. Parti do material. Queria usar madeira de demolição, pois acredito que é importante divulgar essa alternativa, sobretudo num espaço público onde há mais visibilidade; recorri então à Marcenaria da Fazenda, localizada em Descalvado, interior paulista, que tinha uma grande quantidade de tábuas que foram pisos de casas. Comecei a trabalhar com uma composição de bancos maiores e menores e optei pela forma trapezoidal, que permitia arranjos graficamente interessantes. As tábuas eram escuras e o piso do museu em cimento preto; era necessário algum artifício para fazer com que os bancos tivessem realce sobre fundo escuro. A solução foi usar cor em alguns deles. Não só o banco colorido sobressairia como delimitaria as linhas dos outros, em madeira não pintada, criando um ritmo interessante. Optei por fazê-los em MDF para ter uma superfície lisa para pintura; só a travessa de sustentação ficou em madeira de demolição.

Feito o estudo, fui levar o projeto ao Camillo. Ao chegar ao museu, revi sua fachada tão familiar, e percebi a óbvia relação entre a forma das colunas criadas por Reidy e os bancos trapezoidais que eu propunha. São as referências guardadas nos compartimentos da memória, que estão lá, silenciosas, até que no momento oportuno ocupam o espaço devido.

In 2010, Luiz Camillo Osório, curator of Rio's Museu de Arte Moderna (MAM), asked me to design the furniture for the museum's seating areas. My admiration for the building's architecture and my ties to the institution—I had my first professional experience at the Instituto de Desenho Industrial at MAM, working as an intern on a school-furnishing project—were special motivations on this project. The material was my starting point. I wanted to use reclaimed wood, because I think it is important to make people aware of it as an alternative, and a public area has more visibility; and so I went to Marcenaria da Fazenda in Descalvado, in the interior of the state of São Paulo, which had a large number of planks that had once been floorboards. I started to work with a composition of smaller and larger benches and came up with a trapezoidal form, permitting visually interesting arrangements. The planks were dark, and the museum floor was black cement; some artifice was necessary to make the benches stand out. My solution was to use color in some of them. Color would not only highlight the benches, it would also emphasize the lines of the unpainted ones in an interesting rhythm. I wound up using MDF so as to have a smooth surface to paint on; only the crossbeams, of reclaimed solid wood, were left unpainted.

With the study done, I took the design to Camillo. When I got to the museum I beheld that so-familiar façade and saw the obvious formal similarity between Reidy's columns and my trapezoidal benches. Such are the references kept safely in the compartments of memory, stored away silently until the time is right for them to take on form.

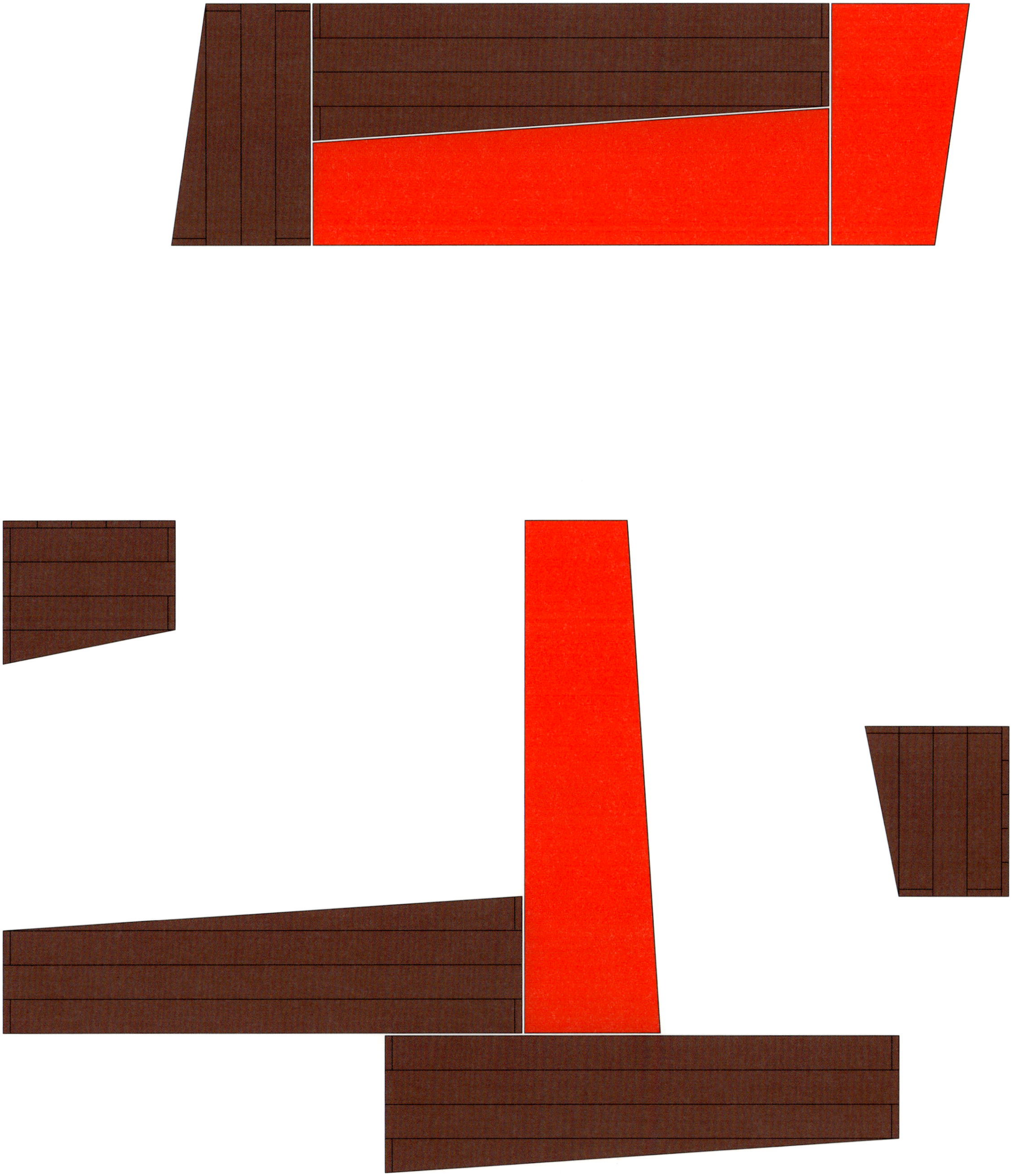

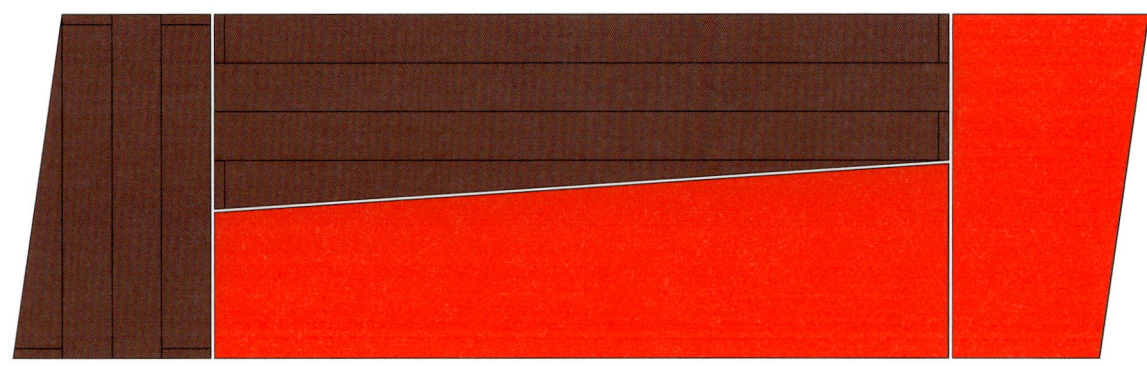

BANQUINHO PARA O PAVILHÃO DAS CULTURAS BRASILEIRAS [2010]
BENCH FOR THE PAVILION OF BRAZILIAN CULTURES

Para a inauguração do Pavilhão das Culturas Brasileiras, locali-zado no Parque do Ibirapuera, em São Paulo, a curadora Adélia Borges pediu a alguns designers que desenhassem um banqui-nho de uso individual. Eles seriam expostos no espaço de entra-da do prédio e poderiam ser usados pelos visitantes. Eu havia trabalhado com tábuas de demolição para os bancos do MAM, e decidi usar o mesmo material pela oportunidade de reaprovei-tamento. Fiz alguns desenhos básicos de construção simples, sem me preocupar com conforto, já que seu uso seria ocasional.

For the inauguration of the Pavilion of Brazilian Cultures in Ibi-rapuera Park in São Paulo, curator Adélia Borges asked several designers to design benches for individual use. The benches would then be put on display in the building's entry hall, to be used by visitors. I had worked with reclaimed wood for the MAM benches and I decided to use the same material here, wanting to take advantage of the opportunity for reuse. I made a few basic designs, constructed simply; comfort wasn't part of the equation, since they would only be used now and then.

BANCO E POLTRONA SIRI [2008]
SIRI BENCH AND ARMCHAIR

A arquiteta Silvia Almeida Braga encomendou um banco para dividir dois ambientes. Sugeriu que seu encosto girasse, para que pudesse ser usado dos dois lados. Àquela época, eu queria fazer algum projeto que utilizasse pequenos sarrafos, as sobras de madeira que eram cuidadosamente guardadas na fábrica Etel Marcenaria. Achei que poderia usá-las no encosto do banco, trabalhando-as para conseguir uma curvatura que permitisse conforto. Uma vez acertado o encosto, desenhei o banco, ainda sem o assento solto, em forma de almofadão, que passou a ser uma característica importante do produto final. Depois de alguns acertos na curvatura, o encosto ficou confortável e bonito; resolvi então fazer uma poltrona para aproveitar a peça, que tinha dado tão certo.

Com o protótipo pronto, testei as possibilidades para o estofamento. Experimentei algumas espumas, que eram duras. A relação entre a dureza do assento e a inclinação do encosto é um processo de tentativa e erro. Não há fórmula. Próximo havia um sofá com almofadas soltas de plumas. Queria tentar uma alternativa mais macia. Apoiei a almofada no assento e eureca! Ela não só deixou confortável como conferiu uma "cara" à poltrona. As abas caídas e as pernas inclinadas para fora deram-lhe a aparência de um siri. A partir daí, detalhei a poltrona de modo que o encosto pudesse ser retirado para a troca da almofada, que por sua vez poderia ter capas diferentes de forma a oferecer mais flexibilidade ao produto. Neste projeto, a parte (o encosto) foi desenvolvida antes do todo, e o acaso desempenhou um papel importante.

The architect Silvia Almeida Braga commissioned a bench to divide two spaces. She suggested that the back might swivel so that it could be used from both sides. Back then, I wanted to put together some project incorporating the leftover wood that was carefully saved back at Etel Workshop. I thought I might be able to use it for the back of the bench, forming a comfortable curvature. With the back settled, I designed the seat—it still didn't have the cushion, which would wind up becoming such an important element. After a few adjustments to the curvature, the back was both comfortable and attractive; and so I decided to make an armchair to take advantage of how well the design had turned out.

Once the prototype was ready, I tested out several options for the stuffing. I tried a few kinds of foam, but they were too hard. The relationship between the stiffness of the seat and the inclination of the back is always a process of trial and error; there's no ready-made formula. Nearby there was a sofa with feather pillows. I wanted to try a softer alternative, so I put the pillow on the seat. Eureka! The pillow not only made the armchair comfortable, but it also gave it a "look." The splayed legs and curving cushion made it look like a crab (siri). From there I designed the armchair so that the back could be removed to change out the pillow, which could have different coverings so as to make the product more versatile. In this project, the part (the backrest) preceded the whole, and chance played an important part.

CASTANHEIRAS [2006]
CASTANHEIRAS SNACK DISH

Estas peças surgiram da vontade de fazer um objeto pequeno, a partir de sobras de madeira. Pensei em fazer um centro de mesa em módulos. Comecei juntando sarrafos, com os quais formei quadrados e criei concavidades em diversas posições. Entre vários desenhos surgiu este. A composição com vários elementos repetidos e desencontrados lembrava os azulejos de Athos Bulcão. Estava satisfeita com a forma, e sabia que a Etel Marcenaria garantiria um objeto de execução impecável. No entanto, precisava ir além, dando ao objeto uma função não apenas decorativa—os anos de formação racionalista não dão sossego nunca. A solução foi inclinar a parte inferior, o que possibilitaria usá-lo como recipiente para castanhas ou petiscos. A peça foi construída em duas partes posteriormente coladas, para facilitar a execução.

These pieces were born of the desire to make a small object using scrap wood. I had the idea of making a centerpiece in modules, and I started out by using leftovers to form squares with concave depressions in several positions. This is what came out of those designs. The composition with repeated, unaligned elements reminded me of Athos Bulcão's azulejos. I was pleased with the form, and I knew that Etel's production would have an impeccable finishing. Nevertheless, I needed to go further, making the object not purely decorative—blame the years of rationalist training—and my solution was to deepen the inner part, making the depressions useful for holding nuts or snacks. For efficiency's sake, the pieces were manufactured in two parts and subsequently glued.

POLTRONA CASTA [2006]
CASTA ARMCHAIR

A poltrona Casta surgiu da intenção de fazer um assento de construção simples, fácil de montar e transportar. O projeto foi solicitado por Baba Vacaro para a Dpot, loja de Sergio Buschpiegel especializada em design brasileiro. Parti da construção de uma caixa que formaria o assento, os braços e o encosto, e que poderia ser de madeira maciça, compensado ou MDF, com pés metálicos aparafusados. Definidas as proporções, fizemos os *mock-ups*. O conforto foi dado pelas almofadas do assento e encosto. Optei por usar laminado de teca e MDF pintado; este último permitiria um custo menor. A capa, em tecido e camurça, surgiu como uma versão esquálida da poltrona Mole, de Sergio Rodrigues, sem o acolchoado mas reversível, possibilitando o uso de tecidos e cores diferentes; a variedade torna o produto mais atraente. As capas são presas por um ímã fixo no interior da caixa e do lado externo por uma peça metálica.

The Casta armchair came out of the intention to make a seat that would be simple, easy to put together and transport. The project was commissioned by Baba Vacaro for Dpot, a furniture store owned by Sergio Buschpiegel specializing in Brazilian design. I started off with the construction of a frame that would form the seat, the arms, and the back, which could be made of solid wood, plywood, or MDF, with metallic screw-on legs. With the proportions set, we started making mock-ups. Comfort came into play with the seat and back cushions. I opted to use laminated teak and painted MDF, the latter to cut costs. The fabric-and-suede upholstery was conceived as a sort of skinny version of the Sergio Rodrigues' Mole armchair, without the padding but reversible, allowing for the use of different colors and fabrics; variety makes a product more attractive. The covers were held on by magnets inside the frame and an external metallic piece.

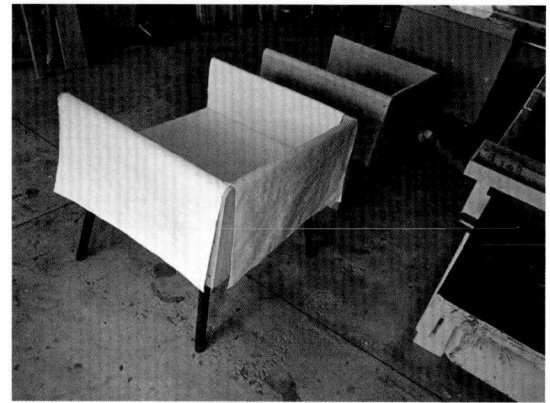

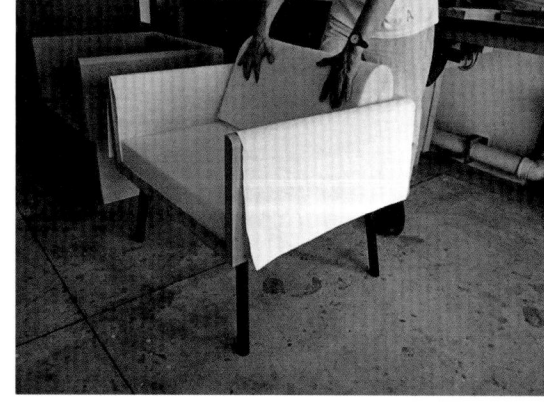

MESA DE CENTRO REVERSO [2007]
REVERSO COFFEE TABLE

Estava fazendo o projeto de reforma de um apartamento no Rio de Janeiro, num prédio construído nos anos 1960. Os clientes queriam integrar com tábuas corridas áreas que tinham pisos diferentes. Um dos espaços tinha tacos de peroba-do-campo, madeira da Mata Atlântica hoje de extração proibida. Pedi para ficar com o material, pois sabia que encontraria uso para ele. Mais tarde, depois de ver um tampo de madeira danificado, pensei em fazer uma mesa, de centro ou jantar, que tivesse tampo reversível—um lado com a madeira mais frágil, outro com um material impermeável. Imaginei usar placas soltas, apoiadas em uma estrutura, já que um tampo grande seria desajeitado para movimentar. Ocorreu-me usar os tacos de peroba de um lado e chapa de alumínio com pintura eletrostática do outro. Os tacos foram lixados para remover a cola, os pregos e as marcas do uso, um procedimento mais trabalhoso quando a madeira já teve uso anterior. A qualidade da madeira que apareceu era excepcional e fez valer a pena o trabalho. As mesas poderiam ter várias medidas, sempre múltiplas das placas, e a série foi limitada ao número de tacos disponíveis. O resultado atendeu a questões funcionais e ofereceu a possibilidade de aparência variada, dependendo da posição das placas. O projeto permite repetir o conceito, com outros materiais com a mesma função criando novas séries de mesas.

I was renovating an apartment in Rio de Janeiro, in a building from the 1960s. The clients wanted to put down floorboards over two spaces with different kinds of flooring. One of the spaces was in parquet, using *peroba-do-campo* wood harvested from the Atlantic Forest (now illegal). Knowing that I'd find a use for it, I asked to keep the material. Later, seeing a damaged wooden tabletop, I had the idea of making a table (either a dining table or a coffee table) with a reversible top—one side with a more delicate wood, another with waterproof material. I thought of using loose tiles supported on a frame, because one large top would be too heavy and clumsy to move; and then it occurred to me to use the parquet on one side and aluminum with electrostatic paint on the other. The parquet was sanded to remove the glue, nails, and signs of wear. This was a more work-intensive process because the wood was secondhand, but the quality of the material was exceptional. The tables could come in several sizes (always in multiples of the tiles), and the series was limited to the number of parquet pieces available. The result dealt with functional needs and offered the possibility of varied appearances, depending on the position of the tiles. The design could be repeated using other materials with similar functions for a new series of tables.

BIOMBO BANDEIRISTA [2008]
BANDEIRISTA SCREEN

Gosto das referências da arquitetura colonial brasileira, das venezianas e treliças que permitem passar a luz e mantêm a privacidade. No projeto de um apartamento, precisava de algo que funcionasse como uma barreira, mas que não fosse uma parede fechada; que possibilitasse alguma visão e definisse o espaço entre hall de entrada e estar. Fiz o desenho dos elementos losangulares presentes nas janelas das casas bandeiristas, só que usando sarrafos pivotantes de secção triangular. Como o biombo ficaria sob uma viga de 30 centímetros de largura, precisaria, por questões estéticas, ocupar o espaço. A solução foi usar três fileiras, colocando os sarrafos em eixos desencontrados, para que com a rotação permitissem maior ou menor abertura. Para criar ritmo, alternei, de forma randômica, alguns elementos na madeira natural e outros pintados de branco. Posteriormente, em 2009, usei o mesmo desenho para um painel atrás do balcão de recepção de um escritório, utilizando dois tipos de madeiras contrastantes.

I enjoy dialoguing with Brazilian colonial architecture, with its Venetian blinds and trellises that allow light to pass through while maintaining privacy. One apartment I was designing called for an element that could function as a barrier but wasn't a closed wall; it needed to allow some visibility while also defining the space between the entrance hall and living room. I took the diamond-shaped elements from the windows of bandeirista-style houses, but using pivoting pieces of wood in triangular sections. Since the screen would be under a foot-wide beam, aesthetic principles dictated that it occupy that space. The solution was to use three rows, alternating the pillars on different axes, meaning that rotation could increase or decrease visibility. To give the structure a rhythm, I randomly traded off plain wood with white-painted pillars.
Later on, in 2009, I used the same design for a decorative element behind the reception desk of an office, using two contrasting kinds of wood.

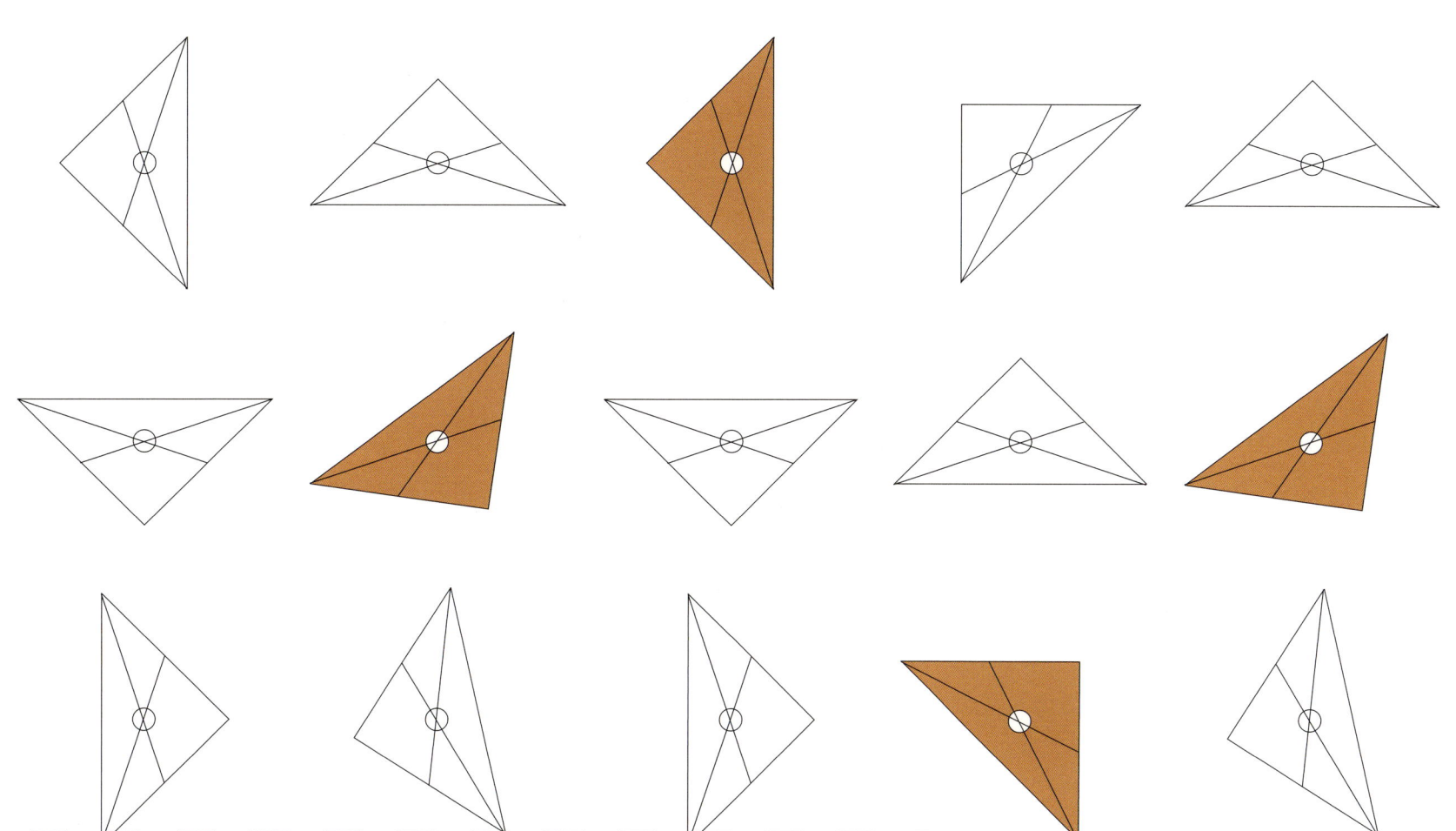

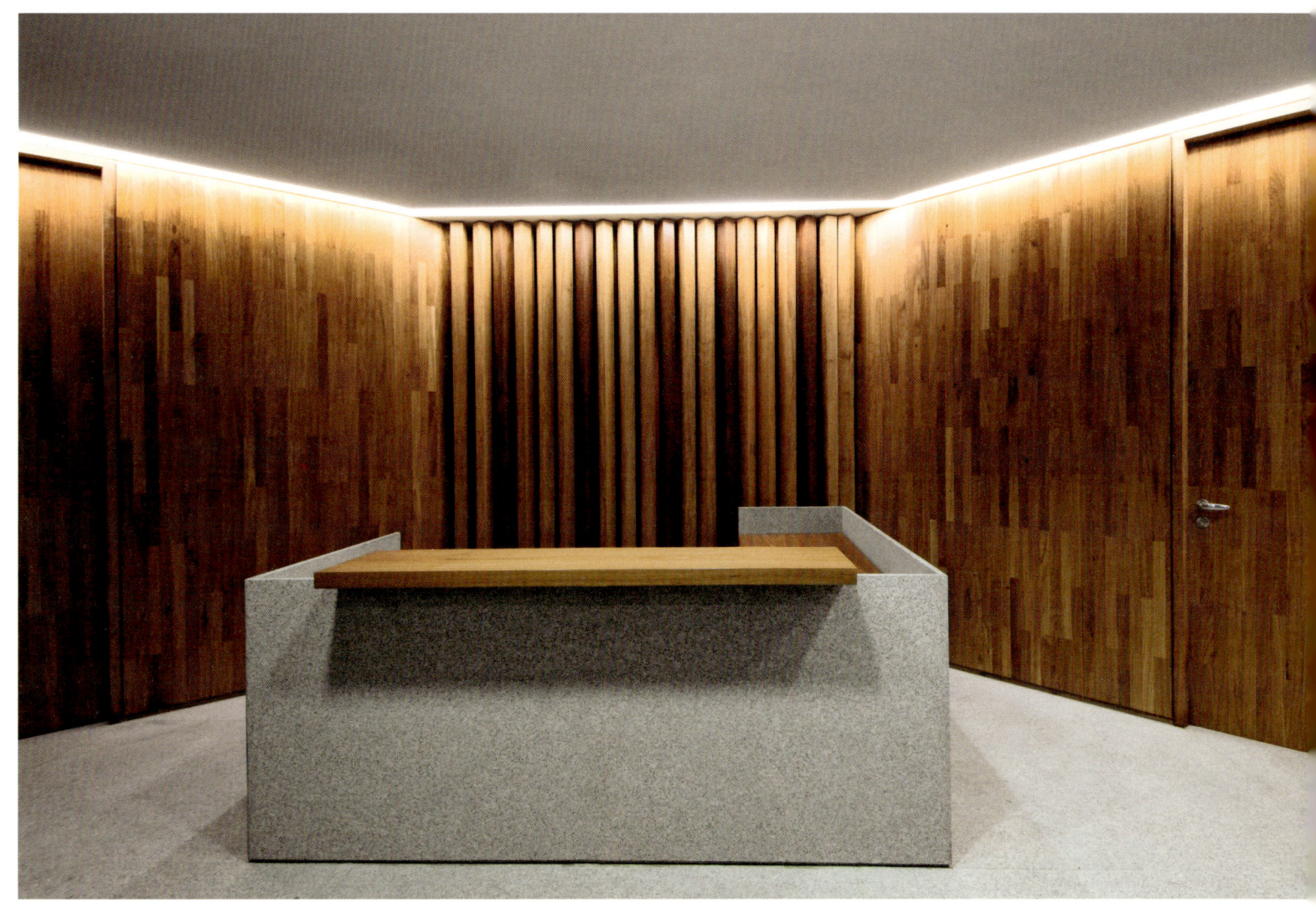

MOBILIÁRIO PARA CAPELA [2008]
FURNITURE FOR CHAPEL

A simplicidade de algumas arquiteturas religiosas é fascinante para quem busca a pureza da forma. Quando surgiu a oportunidade de fazer o mobiliário para uma capela projetada por Ricardo Legorreta no interior de São Paulo, tinha a consciência do privilégio. O espaço interno da capela tinha a forma de um quarto de círculo. Duas vigas superpostas, em forma de cruz, demarcavam os ambientes. Desenhei os móveis inspirada nos volumes e linhas da arquitetura; foi um exercício de geometria e simplificação. Bancos e altar foram executados pela Etel Marcenaria, com sarrafos de freijó maciço colados sobre uma estrutura de compensado, mesmo processo do banco Medeiros (p. 90).

The simplicity of some religious architecture is fascinating for those who seek purity of form. When the opportunity arose to furnish a chapel that Ricardo Legorreta was planning in the interior of the state of São Paulo, I was fully aware of what a privilege it was. The interior of the chapel was shaped as quarter circle. Two superposed beams, suggesting a cross, determined the spaces. I designed the furniture inspired by volumes and architectural lines; it was an exercise in geometry and simplification. Pews and altar were made by Etel Workshop, with thin strips of solid *freijó* wood glued onto a plywood structure—the same process as with the Medeiros bench (p. 90).

MESAS PRÁTICA E ALR [2010]
PRÁTICA DESKS AND ALR DESK

Em 1983, desenhei uma linha de mesas que chamei de Canguru (pp. 82, 83). Foi o primeiro produto que coloquei no mercado, na loja de Fulvio Nanni, que além de suas peças representava um grupo de designers independentes com suas produções de pequenas séries. Minha mesa de trabalho estava sempre lotada de papéis, livros, dicionários. Quem trabalha com desenho nunca tem espaço suficiente. Pensei em fazer uma caixa que fosse ao mesmo tempo próxima e separada da superfície de trabalho, deixando-a mais livre e permitindo que me organizasse melhor. Surgiu o primeiro desenho, com a caixa lateral; posteriormente, vieram outros desenhos: uma mesa com a caixa paralela ao tampo e outra feita para uma pessoa trabalhar de cada lado, com a peça triangular dividindo o tampo. A estrutura de tubo metálico pintado acompanhava a forma triangular da caixa. Sua execução não exigia grande tecnologia, mas havia muitos pontos de solda, o que me incomodava. O desenho da mesa Prática partiu da mesma caixa triangular, mas nela o tampo e a estrutura seriam de madeira, para simplificar. Fiz a primeira versão usando cor na caixa e depois uma versão mais neutra, com a estrutura mais delgada, com duas madeiras contrastantes.

Na mesa ALR (pp. 80-81), usei uma bolsa de couro, sem estrutura, para a mesma função da caixa da Canguru. A estrutura foi feita com tubos de latão com diâmetro suficiente para permitir a passagem de cabos de lógica e eletricidade. No tampo, coloquei caixas com tampa para acomodar as tomadas. Foi um projeto especial e, até então, peça única.

In 1983, I designed a line of desks that I called Canguru (pp. 82, 83). This was the first product I put on the market, via Fulvio Nanni; besides selling his own pieces, he represented a group of independent designers with their small scale productions. My desk was always cluttered with papers, books, and dictionaries—designers can never have enough space. I thought of making a container that was simultaneously close to and separated from the work surface, freeing up room and allowing me to work better. This produced the first design, with a lateral box. Then came others: a desk with a storage space running parallel to the surface, and another, made for one person to work on each side, with the triangular piece dividing the space. The painted metallic tube accompanied the triangular form of the box. The execution wasn't technologically complex, but there were many welding spots, which bothered me.

The Prática design came out of the same triangular box; but this time, for purposes of simplification, both the box and the desktop would be made of wood. I made the first version using colored box, and a second, more neutral version with a slimmer structure and two contrasting woods.

For the ALR desk (p. 80-81) I used a shapeless leather bag for the same function that the box had served in Canguru. The structure was made of brass tubes wide enough to accommodate data and power cables. On the surface, I put lidded boxes for the outlets. This was a special project, and, at the time, one of a kind.

BANCO DOMINÓ [2010]
DOMINO BENCH

Baba Vacaro, designer e diretora de produto da Dpot, solicitou a um grupo de designers que criasse alguma peça, sem programa definido. O resultado dessa provocação resultou em uma exposição chamada Imaginários. Naquele momento, eu estava fazendo o interior de um apartamento para um casal de amigos, em Nova York, em um prédio projetado pelo arquiteto Shigeru Ban e precisava de um banco que dividisse dois ambientes de estar. Conhecendo a admiração dos clientes pelos móveis de Mies van der Rohe, sabia que a tentação de usar o Barcelona *couch* seria grande e que, de fato, ficaria muito bonito. Quando rabiscam, os designers conversam consigo mesmos—eu, ao menos, faço muito. Pensando na alternativa Mies, fiz um croqui do Barcelona e imaginei em como ficaria um banco com estrutura metálica, leve como a do mestre, cujo assento fosse todo de madeira, inclusive o rolo de espuma. Ocorreu-me até mesmo fazer as marcas das costuras que formam o capitonê, pois buscava uma solução que desse algum relevo ao assento. Veio a ideia dos côncavos, que, além de darem mais conforto, poderiam conter almofadas e trariam qualidade gráfica à peça. Na perspectiva em três dimensões, colocamos almofadas brancas, e a peça passou a lembrar uma peça de dominó. Acabei produzindo uma versão mais neutra, com outro tipo de relevo, para o interior que estava fazendo, mas mantive a versão dominó para a coleção Imaginários da Dpot.

Baba Vacaro, designer and product director at Dpot, called up a group of designers to create some kind of piece, with no specific instructions. The result of this challenge was an exhibition called Imaginários. At the time, I was working on the interior of the apartment of two friends of mine in New York, in a building by Shigeru Ban. I needed a bench to divide two living areas. Knowing of my clients' admiration for Mies van der Rohe's furnishings, I realized that a Barcelona couch would be a tempting and attractive option. When sketching, designers talk to themselves—at least I do. Thinking about the Mies option, I sketched the Barcelona couch and started to imagine a bench with a metallic structure, lightweight like the master's, but with the seat and roll made entirely of wood. I even thought of including the marks of the leatherwork stitching in order to give the seat some texture. Then I had the idea for the hollows; they could hold pillows, provide comfort, and give the piece visual quality. In the 3D rendering we used white pillows, which made the whole thing look like a domino piece. I ended up making a more neutral version, with another kind of relief, for that particular apartment; but we kept the domino version for the Dpot Imaginários collection.

BANCO MEDEIROS [2007]
MEDEIROS BENCH

Em 2007, recebi a encomenda de uma série de móveis para o interior de uma residência em São Paulo, projetada pelo arquiteto mexicano Ricardo Legorreta. O hall de entrada tinha duas paredes não paralelas; havia a intenção de colocar nele um tapete. Trabalhando no layout, percebi que os espaços definidos pelo retângulo do tapete desorganizavam a cuidadosa geometria do espaço. Como o problema seria resolvido se se corrigisse o paralelismo, percebi que um banco junto à parede inclinada poderia resolver o que me incomodava. Fiz o desenho e um *mock-up*, que permitiu verificar as proporções do móvel e testá-lo no espaço. O banco foi realizado pela marcenaria de Álvaro Wolmer, usando réguas de pouca espessura de pinho-de-riga sobre uma estrutura de compensado para dar a impressão de maciço. É uma técnica que exige mais mão de obra, mas menor quantidade de material, e o resultado estético é melhor do que se o móvel fosse folheado.

In 2007, I was hired to produce a series of furnishings for a house in São Paulo by the Mexican architect Ricardo Legorreta. They planned to put a rug in the entry hall, which had two walls that were not parallel. As I looked at the layout I saw that the spaces defined by the rectangle of the rug would disturb the careful geometry of the hall. The problem would be resolved if the parallelism was corrected, and a bench near the inclined wall could serve quite well. I came up with the design and a mock-up, which allowed me to adjust the bench's proportions and test it out in the space. The bench was produced by Álvaro Wolmer's workshop using thin strips of Scots pine laid onto a plywood structure to give the impression of solid wood. This technique takes more labor but less material, and the aesthetic outcome is better than when using veneer.

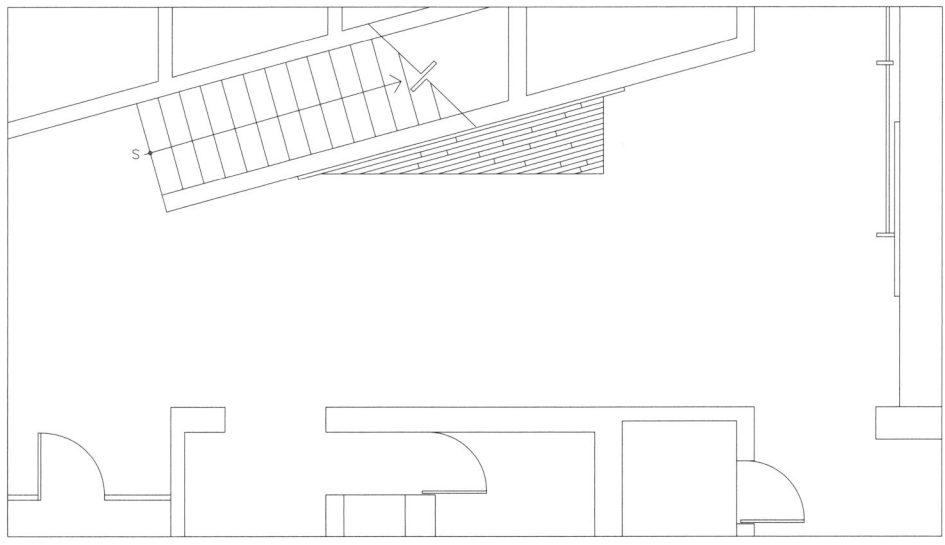

MESAS B1 E B2 [2008]
B1 AND B2 TABLES

Estas mesas, uma de jantar (B1, pp. 94, 98-99) e outra de trabalho (B2, pp. 100 a 103), foram feitas sob encomenda para uma
casa projetada pelos arquitetos Andrade e Morettin para um
casal de amigos, ela arquiteta. Ambas têm as mesmas medidas.
Os clientes queriam usar jacarandá, e a Marcenaria da Fazenda possuía um grande estoque de jacarandá de recuperação,
resultado de alguns anos de busca pelo interior de Minas Gerais e da Bahia. O detalhe do topo da mesa de jantar originou-se
de um acaso. Queria fazê-lo chanfrado, mas não sabia se para
baixo ou para cima. Pedi ao marceneiro que produzisse uma
amostra com as duas opções de topo. Acabei usando as duas,
uma no sentido do comprimento e outra na largura. O resultado
ficou muito bonito e é a característica mais marcante da mesa.
Os pés têm a forma simples de cavalete. Fiz a mesma mesa para
dois apartamentos em Nova York; em uma delas a construção
do tampo foi diferente, deixando uma pequena folga entre as tábuas, para que as peças maciças pudessem se dilatar e contrair
de acordo com as variações de umidade (p. 94).
A mesa de trabalho, pensada para ser usada por duas pessoas,
precisava ter a parte inferior ventilada e de fácil abertura para
abrigar as CPUs, o que determinou a base ripada. A calha em
V permitiu a passagem dos cabos e a sustentação do balanço
do tampo.

These tables, one a dining table (B1, p. 94, 98-99) and one meant
as a workspace (B2, p. 100 to 103), were custom made for a house
being designed by Andrade Morettin Architects for friends of
mine, one of them an architect. The tables had the same measurements. The clients wanted to use *jacarandá* wood, and the
Marcenaria da Fazenda had accumulated a large stock of reclaimed *jacarandá* after several years of searches through rural
Minas Gerais and Bahia. The design of the tabletop came about
by chance. I wanted it to have chamfered edges, but I couldn't
decide which direction I wanted the slope—I asked the artisan
to make a sample with both options. In the end I used both, one
for each set of sides. The result was beautiful, and became the
most important element of the table. The legs are simple trestles.
I made the same table—B1—for two apartments in New York; on
one of them, the table was built slightly differently, allowing small
chinks between the boards and thereby giving the solid wood
space to expand and contract as the humidity varied (p. 94).
The workspace, made to be used by two people, needed to have
a ventilated, easily opened lower section to hold CPUs—hence
the slatted base. The V-shaped trough simultaneously made
space for cables and supported the tabletop.

INTERIOR E MOBILIÁRIO PARA ESCRITÓRIO [2010]
OFFICE SPACE INTERIOR DESIGN AND FURNISHINGS

Com Liliana Saporiti, minha sócia nos projetos de design de interiores, desenvolvi a arquitetura e mobiliário para um escritório em São Paulo. Esses trabalhos, nos quais detalhamos desde o layout geral até os puxadores, são oportunidades de criar uma linguagem coerente com mínima interferência de elementos pré-existentes. Desenhamos toda a marcenaria, portas, estantes, armários e postos de trabalho. Fizemos as mesas para diretoria e funcionários em compensado revestido de laminado melamínico padrão madeira, material resistente; os topos foram revestidos de madeira maciça e, nas partes em que o contato do usuário é maior, levemente chanfrados para maior conforto. Os pés são painéis duplos de compensado, igualmente revestidos, ou tubos de aço, ambos ocos para a passagem de fios. O mesmo princípio foi usado nas diversas mesas de reunião e da biblioteca, nas quais o material variou entre madeira maciça e folheada. O uso das cores vermelha e azul, presentes em detalhes do mobiliário, pontua as diversas áreas para quebrar a monotonia.

With Liliana Saporiti, my partner on interior design projects, I developed the architecture and furnishings for an office in São Paulo. This type of work, where we detail everything from the overall layout down to the cabinetry hardware, is an opportunity to create a coherent language with minimal interference in the preexisting elements. We designed all the woodwork, doors, shelves, cabinets and work spaces. The desks for the executives and general staff were made of plywood faced with wood-grain melamine veneer, a strong material. The desktops were finished with hardwood and the components that have the most contact with users were slightly chamfered for increased comfort. The desk legs were composed of either double walled particle board with the same finish or steel tubes, both styles being hollow to allow for the passage of cables and cords. The same concept was employed for the various conference and library tables, the material for which varied from hardwood to veneer. To break the monotony, red and blue details were used in the furnishings to delineate the diverse work areas.

SOFÁ LARGO [2010]
LARGO SOFA

Muitas vezes, quando começo a desenhar uma poltrona, um sofá ou uma cadeira, inicio o desenho pela vista de costas e a partir dela penso na peça em suas três dimensões. No caso do sofá Largo, comecei da mesma forma que o sofá São Conrado, de 2003, cujos pés traseiros desloquei, para criar balanço e dar mais leveza. Queria fazer um sofá com braços largos e confortáveis, que permitissem o apoio de objetos. Desenhei uma cinta que passava por toda a extensão do encosto, transformando-se nos braços e pés dianteiros. Na Etel Marcenaria, foi feito um *mock-up* no qual testamos as proporções e o estofamento. Escolhi pinho-de-riga para fazer o primeiro protótipo por ser uma madeira de demolição, com veios marcados que acentuam as linhas da estrutura. Para a tapeçaria procurei sair das almofadas convencionais, trabalhando com espessuras mínimas. Não queria volumes espessos. Usei botões coloridos, que, além da função estética, deram o efeito acolchoado e o conforto desejado. Optei por explorar os detalhes tradicionais de marcenaria, como rabo de andorinha e malhete, detalhes construtivos que acentuam o caráter artesanal da peça. O sofá foi feito para a galeria Espasso, em Nova York; pouco depois, tive uma encomenda dos donos do Hotel Americano, localizado no bairro de Chelsea, para projetar o ambiente do terraço onde funcionaria um bar e restaurante. O espaço foi inaugurado em maio de 2012, com sofás Largo, poltronas São Conrado e bancos especialmente desenvolvidos.

Often, when I'm starting to design an armchair, a sofa or a chair, I start out by drawing the rear view and only think about the piece in three dimensions later. In the case of the Largo sofa, I started out the same way as I had with the São Conrado sofa in 2003; both had the rear legs slightly offset to make the piece lighter and more balanced. I wanted to make a sofa with long, comfortable arms, wide enough to put objects on. I designed a back that wrapped around the entire structure, transforming into the arms and front legs. At Etel Workshop a mock-up was made for us to test the proportions and stuffing. I chose scots pine, for the first prototype; it was reclaimed wood, with a pronounced grain that accentuated the lines of the structure. For the upholstery, I tried to shy away from conventional cushions, working with minimal thicknesses; I didn't want anything heavy. I used colored buttons, which not only served an aesthetic function but also gave a cushioned, comfortable effect. This piece made use of traditional woodworking techniques like dovetail and finger joints, details to accentuate its artisanal character. The sofa was made for the gallery Espasso, in New York; soon thereafter I was hired by the owners of the Hotel Americano in Chelsea to design the space for a terrace bar and restaurant. The space was inaugurated in May 2012 with Largo sofas, São Conrado armchairs and specially designed benches.

POLTONA SÃO CONRADO [2008]
SÃO CONRADO ARMCHAIR

A poltrona São Conrado tem o mesmo desenho do sofá do mesmo nome, projetado em 2003. Apesar da redução no comprimento, ela mantém o mesmo aspecto de leveza que busquei no sofá. A forma lembra o diagrama do que para mim é uma das referências mais bonitas da arquitetura modernista: a casa Farnsworth, de Mies van der Rohe. A vista posterior de ambos os móveis é o ângulo privilegiado que evidencia o princípio do desenho.

The São Conrado armchair follows the same design as the eponymous sofa, which was created in 2003. Even with the reduced length, the armchair maintains the same aspect of lightness that I sought with the sofa. The shape evokes the diagram of what for me is one of the most beautiful examples of modernist architecture, the Farnsworth House by Mies van der Rohe. The rear view of both pieces is the most salient, clearly revealing the design concept.

POLTRONA COSME VELHO LARGA [2007]
COSME VELHO ARMCHAIR, LONG VERSION

Em 2003, desenhei a poltrona Cosme Velho, cuja estrutura simples, feita com sarrafos de secção quadrada, emoldura painéis duplos em cana-da-índia. A palha faceia os lados interno e externo e dá a personalidade do móvel. Em 2007 fiz uma versão mais larga, no limite do comprimento do fio da palha, para um ambiente especial. Algumas poltronas se prestam a alterações de medidas sem perder a proporção e sem dificultar a produção.

In 2003 I designed the Cosme Velho armchair. Its simple structure, made with square strips of wood, framed double screens of *cana-da-índia*. The wicker covers the armchair frame and is flush on both sides giving the armchair its personality. In 2007 I made a longer version for a special project, this one limited only by the length of the reeds. Some armchairs can have their measurements altered without losing their proportions or making production too difficult.

EXPOSIÇÃO PARALELOGRAMOS, BARÓ GALERIA [2010]
PARALELOGRAMAS EXHIBITION, BARÓ GALERIA

No fim de 2010, Waldick Jatobá, curador de design, convidou-me para fazer uma exposição na galeria de arte Baró, em São Paulo. Segundo ele, não se tratava apenas de um convite, mas de uma provocação. Meu trabalho está longe de chegar à linha tênue que separa o design da arte, mas lá fui descobrir como poderia me colocar. Visitei o espaço, um grande galpão no bairro da Barra Funda, que geralmente abriga mais de uma exposição. A parte que me caberia seria a primeira sala, de pé-direito mais baixo e bonitas proporções. Ocorreu-me a ideia de fazer uma série de volumes, todos da mesma altura, que seriam mesas de centro. Gosto muito dos artistas minimalistas americanos, e a associação dos objetos de Donald Judd veio imediatamente. Queria usar materiais frios—pedra, metal e Corian—e pouca madeira. A primeira mesa que desenhei foi a Texturas (pp. 146, 147); o desenho saiu de um gesto, mas tinha a intenção do material. Busquei o contraste do limestone não polido, de tom neutro e sem veios definidos, com a madeira bruta de demolição, com as marcas do tempo. Na mesa Deslize (p. 143), usei limestone, alumínio e aço pintado. Queria um ponto de cor para o conjunto. Coloquei uma caixa deslocada, pintada de vermelho. Por cima do paralelepípedo usei uma peça deslizante, de alumínio escovado, detalhe formal mas que trazia um interesse à peça, criando outra superfície. A mesa Clareira (pp. 148-149) foi o projeto mais formalista que já fiz. Naquele ano, o inverno havia sido muito rigoroso no hemisfério norte. Os jornais traziam na primeira página a imagem de um espaço plano, coberto de neve, cortado por um caminho que conduzia a uma clareira, sobre o qual andava uma pessoa. A imagem me marcou e resolvi reproduzi-la no tampo de uma das mesas. Afinal, iria expor em uma galeria de arte e podia me permitir o formalismo.

Na mesa Lâminas (p. 145), fiz uma caixa de chapa de aço encerado; no tampo, quadrados do mesmo material e outros de Corian soltos, apoiados numa chapa colorida que só aparecia por um orifício em uma das peças quadradas. Na mesa Bilhas retomei a ideia de um trabalho de 2001, para a loja Firma Casa, no qual usei um sanduíche de vidro e dentro esferas metálicas (p. 140) ou limalha de ferro (p. 141) que podiam ser movimentadas com um ímã. Um projeto lúdico, e o efeito dos materiais, sobretudo quando iluminados, me agradou. A disposição das mesas no espaço foi milimetricamente pensada e testada para dar um ritmo ao conjunto da exposição.

In late 2010, Waldick Jatobá, a design curator, invited me to participate in an exhibition at the Baró Galeria in São Paulo. According to him, this wasn't just an invitation—it was a challenge. My work is far from the tenuous line that separates design from art, but I went along to see where I could fit. I visited the space, a large warehouse in the Barra Funda neighborhood that normally hosts more than one exhibit at a time. I would have the first room, with lower ceiling, a space with beautiful proportions. The idea came to me for a series of volumes, all with the same height, which could serve as coffee tables. I admire American minimalists very much, and I had an immediate association with the works of Donald Judd. I wanted to use cold materials—stone, metal, and Corian—and little wood. The first table I designed was Texturas (p. 146, 147); the design was dashed off, but had the feel of the material. I looked for the contrast between matt limestone (in neutral tones) and well-worn reclaimed wood. For the Deslize (p. 143) table I used limestone, aluminum, and painted steel. I wanted a spot of color for the set, and so I inserted an off-center red box on the surface. A sliding brushed-aluminum piece went over the stone block to create another surface and provide an interesting effect. The Clareira (p. 148-149) table was the most formalist piece I've done yet. That year, the northern hemisphere had had a particularly fierce winter. The newspapers were covered with the photograph of a flat, snow-covered space with a path running through it, leading to a clearing (clareira), where a person was walking. The image struck me and I decided to reproduce it on the surface of one of the tables. It was going in an art gallery, after all, so I could allow myself a little formalism.

For the Lâminas table (p. 145), I made a frame from waxed steel; the top had tiles of the same material and other loose Corian tiles, resting on a colored sheet that was only visible through an orifice in one of the tiles. The Bilhas table hearkened back to a 2001 work for Firma Casa, where I used a sort of sandwich of glass plates with metallic spheres (p. 140) or iron filings (p. 141) that could be dragged around with a magnet. That was a playful design, and I was pleased with the effect of the materials, especially when illuminated. The tables were arranged meticulously, down to the millimeter, and tested out to give a rhythm to the whole exhibit.

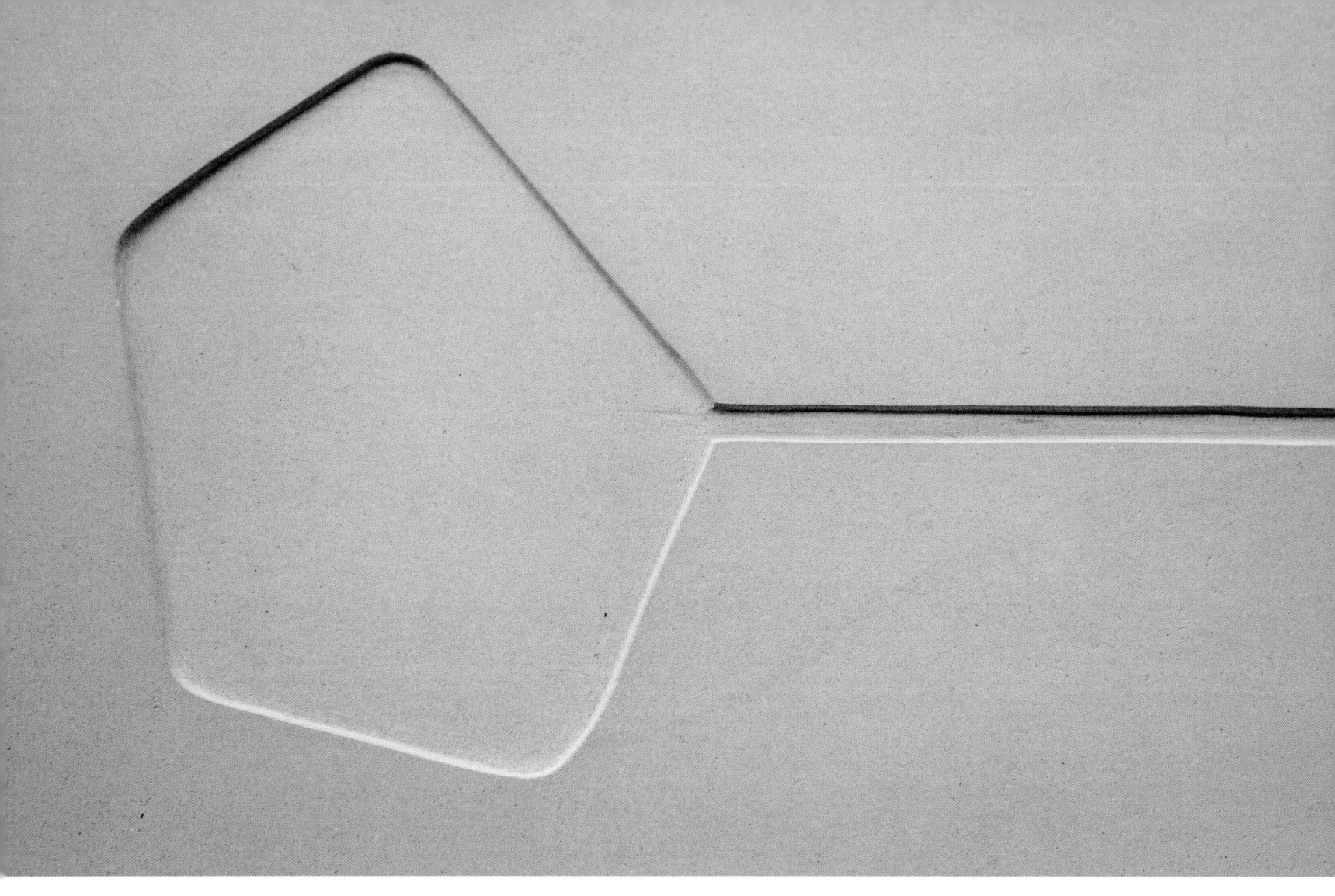

BANCO DESLOCADO [2011]
DESLOCADO BENCH

O foco do primeiro Salão de Design de São Paulo, realizado em 2011, era mostrar peças de edição limitada ou únicas e mobiliário *vintage*. Waldick Jatobá, organizador e curador do evento, convidou-me. Além das mesas que fiz para a exposição na Baró Galeria e do banco Dominó, ambos de série limitada, e da mesa Reverso, cuja quantidade produzida depende dos tacos disponíveis, desenhei um banco, que teria a característica de peça única por utilizar uma tora, de *iron wood*, proveniente da demolição de uma casa na Indonésia. Encontrei no Rio, na loja de Afrânio Cunha, que traz móveis da Ásia, uma tora espetacular, de 2,50 metros de comprimento com uma secção de 30×30 centímetros. A peça já tinha cruzado oceanos e eu a fiz deslocar-se mais um pouco, até São Paulo. Desenhei um banco usando-a como assento, apoiada sobre pés de ferro fundido para ficar mais alta e confortável. Em um dos lados, coloquei um encosto de compensado pintado de vermelho. Como detalhe formal, adicionei um rolo de madeira, como no banco Dominó. Foi um exercício de planos e volumes. Para mim, um material único ou um processo muito caro e complexo são a melhor justificativa para uma edição limitada em design.

The first Salão de Design de São Paulo, in 2011, set out to display limited edition, one-of-a-kind pieces, and vintage furniture. I was invited by Waldick Jatobá, the organizer and curator of the event. Besides the tables I'd made for the Baró Galeria exhibit and the Domino bench, both limited editions, and the Reverso table (which depended on the availability of the parquet), I designed a one-of-a-kind bench with an ironwood log from the demolition of a house in Indonesia. I found a spectacular log a store in Rio de Janeiro, owned by Afrânio Cunha, who imports Asian furniture—it was 2.5 meters long, with a 30×30 cm section. The piece had already crossed oceans; I made it travel just a bit farther, over to São Paulo. I designed a bench with the log as the seat, supported on cast iron legs for greater height and comfort. On one side, I put a red-painted plywood back support. As a formal detail I added a wooden roll, like the one on the Domino bench. This was an exercise in planes and volumes. In my opinion, a unique piece of material or an extremely expensive and complex production process are the best motives for limited edition in design.

MESA FINA E CENTRO DE MESA MEUMORANDI [2010]
FINA DINING TABLE AND MEUMORANDI CENTERPIECE

Mesas de sala de jantar aparecem pouco, sobretudo quando cercadas de cadeiras. Ao desenhar a Quase Mínima (2004), que partiu da imagem do perfil de uma cadeira, na capa de um livro sobre minimalismo, fiz um croqui com três delas de costas e um desenho esquemático de mesa. Cadeiras não suportam tanta redução, mas mesas, se tiverem altura correta, espaço para pernas dos usuários e uma superfície agradável de usar, podem ter um desenho esquemático. Alguns anos depois, resolvi dar vida ao croqui e fazer uma mesa de jantar básica, reduzida às mínimas espessuras. Precisaria da ajuda de alguma estrutura escondida para dar estabilidade e rigidez ao móvel, e Moacir Tozzo, mestre da Etel Marcenaria, desenvolveu um sistema de estruturação interna, usando chapa de aço e cabos para que a mesa, caso apresentasse alguma flexão, pudesse ser facilmente "apertada". Mesmo assim, por segurança, definimos um limite de comprimento. A primeira foi feita com tábuas de madeira maciça, angelim; depois, foram produzidas outras em compensado folheado. Para apresentar o móvel, queria um objeto para o centro da mesa. Surgiu o Meumorandi, uma série de perfis de vasos e *bowls*, sem os volumes—um conjunto com função somente decorativa. Em 2012, fiz uma versão de trabalho da mesa Fina, inserindo em um dos lados uma caixa como a da mesa Canguru (p. 163).

Dining tables aren't often the center of attention when they're surrounded by chairs. When I designed the Quase Mínima chair (2004), which was inspired by the profile of a chair on the cover of a book about minimalism, I made a sketch with three of them seen from the back and a schematic design of a table. Chairs can only be reduced so far, but tables—if they have the right height, space for the user's legs and a pleasing usable surface—can easily have a schematic design. A few years later, I decided to bring the sketch to life and make a basic dining table, reduced to minimal thickness. I would need the help of some hidden structure to keep the piece stiff and stable. Moacir Tozzo, the master craftsman at Etel Workshop, developed an internal structure using steel plates, and cables, so that if the table were to flex, it could easily be "tightened". Even so, for security's sake, we set a length limit. The first was made with solid angelim wood planks; then others were constructed with veneer plywood. To present the piece, I wanted an object to serve as a centerpiece. That was how Meumorandi came about—a series of profiles of vases and bowls, together serving a purely decorative purpose. In 2012 I did a desk version of the Fina table, attaching a storage box to one side as with the Canguru table (p. 163).

MESA EXTENSÍVEL [2005]
EXTENSÍVEL DINING TABLE

Esta é uma tipologia de móvel bastante procurada e difícil de encontrar. Os sistemas são simples e usados na movelaria tradicional. Na maioria das vezes abrem no meio, criando uma divisão no tampo. Queria fazer uma mesa que tivesse um tampo único, cuja extensão fosse nas extremidades. A soma de duas abas extensíveis e uma mesa com tampo em balanço permitiria um espaço de 60 centímetros além dos pés e acomodaria mais quatro cadeiras. Fiz o desenho da mesa com pés ligeiramente cônicos, e o mestre Moacir Tozzo desenvolveu o modelo do sistema de corrediças de madeira que possibilita a extensão.

This is a design that's often sought out, but difficult to find. The systems are simple and come from traditional furniture production. Most of the time they open in the middle, which calls for a line splitting the tabletop. I wanted to make a table with a single surface with extensions at either end. The addition of two extendable leaves to a table with projecting ends would allow for an extra 60 cm, fitting four more chairs. I designed the table with slightly conical legs, and master craftsman Moacir Tozzo developed the model for the wooden runner system that supports the extensions.

MESA DE JANTAR CUBOS LIBRES [2008]
CUBOS LIBRES DINING TABLE

Em 2005, fiz o projeto de interiores para uma fazenda no estado de São Paulo projetada por Ricardo Legorreta (pp. 176-177). Entre os móveis que desenhei estava uma mesa de centro inspirada nos muros vazados muito usados pelo arquiteto mexicano, nos quais as faces exteriores são pintadas de uma cor e as interiores de outra, acentuando o efeito de profundidade. A mesa foi pensada como uma caixa, com as cinco faces em treliça. Para o efeito de contraste usei freijó nas faces externas e tingimento escuro nas internas.

Esta peça requer uma execução precisa de na junção dos sarrafos e no acabamento, ou o resultado pode ser desastroso. Para facilitar o apoio de objetos, coloquei bandejas metálicas móveis. A mesa Cubos Libres de jantar veio depois, em 2008, para um apartamento cujo interior projetei. Nela usei o mesmo desenho para as bases, que podem ter medidas variadas, sempre respeitando a modulação dos quadrados.

In 2005, I worked on the interior design of a Ricardo Legorreta country house in the state of São Paulo (p. 176-177). Among the furniture that I designed was a coffee table inspired by the perforated walls that the Mexican architect favors, with the exterior painted one color and the interior another to increase the effect of depth. The table was conceived as a box with five trellised faces. To achieve a contrast, I used freijó on the outside and a dark stain on the inside.

This piece requires precise execution of the finishing and joining of the strips, or the result can be disastrous. To allow extra surfaces for objects I added moveable metallic trays. The Cubos Libres dining table only came later, in 2008, for the interior design of an apartment. I used the same design for the bases—which can have varied measurements—, always respecting the modulation of the squares.

APARADOR ESTEIRA [2005]
ESTEIRA SIDEBOARD

O sistema de esteira feito de pequenos sarrafos articulados e usado na marcenaria tradicional sofisticada requer precisão, cálculo correto da curvatura sobre a qual a peça se recolhe e bom acabamento. Contando com a capacidade dos artesãos da Etel Marcenaria, desenhei este aparador usando a esteira como porta e o mesmo princípio dos sofás São Conrado e Largo (p. 115). Pés deslocados para dentro dão mais leveza à peça.

This system is used in traditional woodworking and requires precision, a correct calculation of the curvature of the piece, and solid finishing. Trusting the skills of the craftsmen at Etel Workshop, I designed this sideboard using the same principle of the São Conrado and Largo sofas (p. 115). Having the legs set slightly under the body lends a certain lightness.

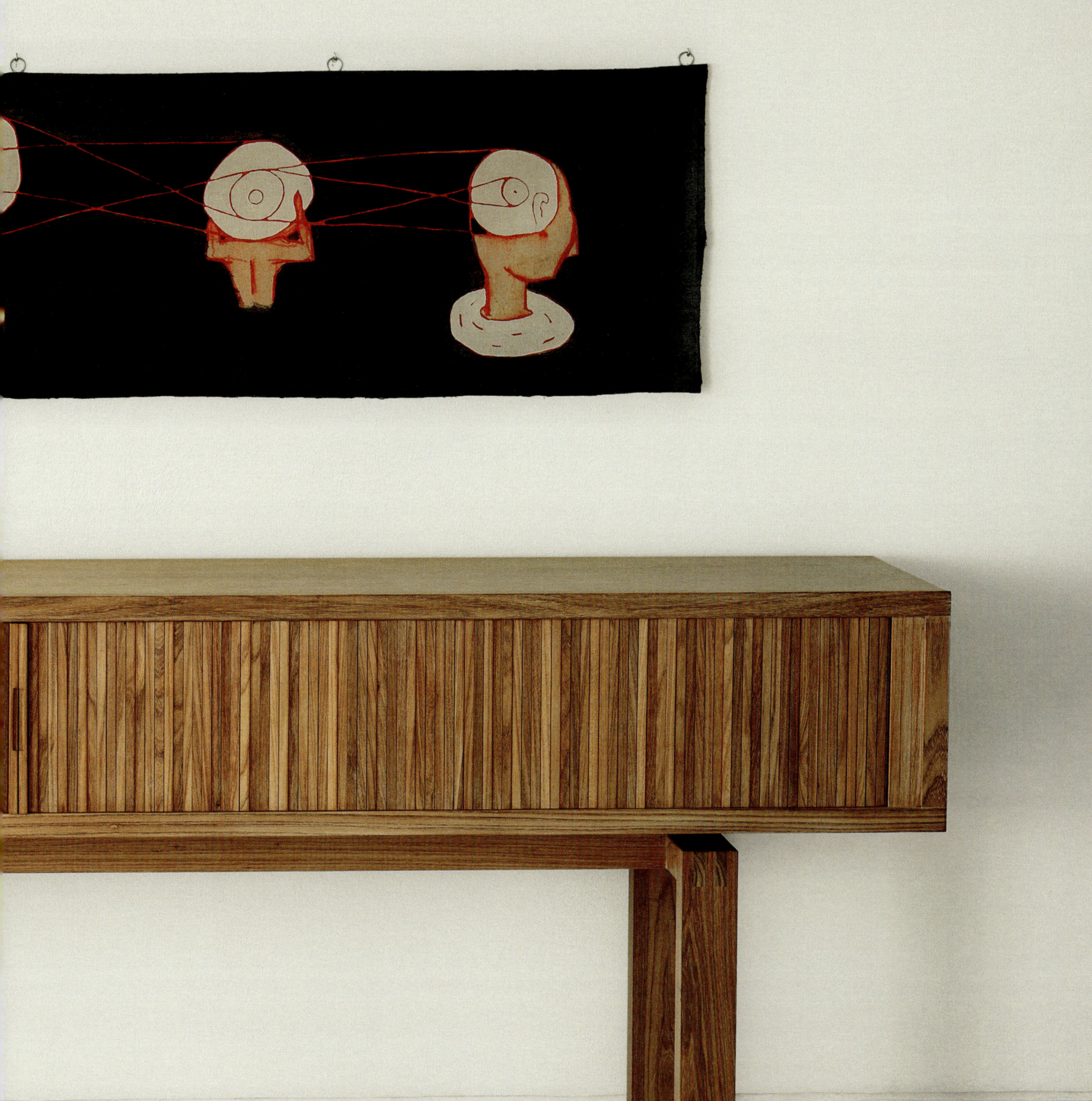

MESA MANDALA [2005]
MANDALA COFFEE TABLE

Em 2005, fui convidada por Delia Beru, designer e proprietária da loja da Casa 21, em São Paulo, para criar uma peça que utilizasse algum produto de artesanato, produzido por comunidades apoiadas pelo programa Artesanato Solidário, à época liderado pela antropóloga Ruth Cardoso, que procurava orientar e ajudar a colocar no mercado a produção do artesanato tradicional praticado por algumas comunidades ao longo de gerações. A postura do Artesanato Solidário era de não interferência, diferentemente de outras instituições, que sugeriam modificações para adequar os objetos às demandas do mercado. Entre os produtos havia um disco feito de fibras naturais trançadas pelas artesãs de São Vicente de Paula, no Piauí. Esses discos eram comercializados como apoio para proteger superfícies de calor e umidade. Fiz uma mesa com estrutura de madeira de construção simples, que poderia ser executada, se fosse o caso, por artesãos próximos ao local de produção das palhas. No tampo apoiei o disco, que pedi que fosse feito com diâmetro maior que o habitual. Os pés, sendo mais altos que a superfície, impediam que o disco saísse do lugar. Havia discos coloridos e na cor da fibra natural, e a ideia era que o comprador pudesse adquirir mais de um, trazendo uma variedade ao móvel.

In 2005 I was invited by Delia Beru, designer and owner of Casa 21, a design store in São Paulo, to create a piece using some sort of artisanal product made by the communities involved in the Artesanato Solidário program. At the time the initiative was headed up by anthropologist Ruth Cardoso, who sought to guide traditional artisanal production and help it find space in the market. Unlike other institutions, which suggested modifications to adjust these crafts to the demands of the market, Artesanato Solidário didn't want to interfere. Among the products was a disk made of natural fibers, braided by the artisans of São Vicente de Paula in the state of Piauí. These disks were commercialized as a support to protect surfaces from heat and humidity. I made a table with a simple wood frame, which could be built by local artisans if need be. The disk—which I requested to be made with a larger-than-normal diameter—was placed on the tabletop. The table legs projected slightly up from the surface, keeping the disk in place. There were both colored disks and disks in natural fibers, and the idea was for customers to buy more than one, bringing variety to the piece.

MESA BORDADO [2010]
BORDADO TABLE

Em 2010, Baba Vacaro e eu fizemos a curadoria de um projeto de design e bordado para a ACTC (Associação de Assistência à Criança e ao Adolescente Cardíacos e aos Transplantados do Coração), instituição que abriga crianças com problemas cardíacos que estão fazendo ou aguardando tratamento em São Paulo. Essas crianças ficam na casa por um longo período e uma das formas de ocupação e terapia das mães é o bordado. Em 2008, um trabalho semelhante havia sido feito com artistas e bordadeiras, e as obras foram leiloadas com enorme sucesso. Sugerimos a Teresa Bracher, à época presidente da instituição, que fizéssemos algo análogo com designers. Baba e eu escalamos um time de colegas, mais reduzido do que gostaríamos por questões de logística, e com Susana Steinbruck, Maguy Etlin e Cris Macedo demos andamento aos projetos, organizando a exposição Bordando Design.

Em minha peça, queria bordar sobre uma superfície pouco usual: uma tela de aço. Busquei o contraste entre a frieza do material e o calor das cores das linhas—escolhi tons que sobressairiam no metal. Em uma mesa lateral com um rasgo no tampo inseri um aro que prendia a tela bordada. O desenho abstrato do bordado foi feito no iPad, por meio de um programa simples, o Fun Drawing, e foi bordado por duas das mães, Maria Teresa de Souza Agra e Juliany Pinheiro Lima de Jesus. Usei uma das linhas para envolver uma parte da estrutura. Foi feita uma edição de três peças para o leilão.

In 2010, Baba Vacaro and I curated a design and embroidery (*bordado*) project for the Association for Children and Adolescents with Cardiac Conditions or Heart Transplants (ACTC), an institution that shelters children with heart problems undergoing or waiting for treatment in São Paulo. These children stay in the house for a long period, and one therapeutic occupation for their mothers is embroidery. A collaborative project had been conducted with artists and embroiderers in 2008, and the works were very successfully auctioned off. We suggested to Teresa Bracher, the president of the institution, that we might do something analogous with designers. Baba and I picked out a team of colleagues, smaller than we would have liked for logistical reasons, and we started to work in the exhibition Bordando Design with Susana Steinbruck, Maguy Etlin, and Cris Macedo.

In my piece, I wanted to embroider on an unusual surface—steel. I looked for the contrast between the coldness of the material and the heat of the colored lines, choosing shades that would stand out against the metal. In a side table with an opening in the top, I inserted a frame to hold the embroidery. The abstract design was made on a simple iPad program, Fun Drawing, and embroidered by Maria Teresa de Souza Agra and Juliany Pinheiro Lima de Jesus, two of the mothers. I used one of the strands to wrap around a part of the structure. Three pieces were made for the auction.

APARADOR SÃO BERNARDO [2012]
SÃO BERNARDO SIDEBOARD

Este aparador foi desenvolvido para um apartamento no Soho, em Nova York, perto da Prince Street, onde morou Donald Judd antes de se mudar para o Texas. Referências artísticas contaram na escolha da forma e do material. A arte existente no apartamento, com a qual o aparador iria conviver, era minimalista, mesmo não pertencendo ao período artístico definido como tal. Por vezes as fronteiras entre arte e design se confundem, mas o design atende a uma função de uso. Neste caso, o móvel tinha de conter um aparelho de som, livros e CDs. Eu queria que ele transmitisse uma impressão de leveza, e as esculturas de Judd eram imagem recorrente. Projetei uma caixa de chapa de aço, trabalhando assimetria e ritmo, com um fundo de madeira removível para passagem de fios. Um amigo arquiteto, Iain Campbell, conseguiu um artesão em Long Island City que foi capaz de fazer soldas imperceptíveis e ângulos precisos entre as chapas. A "beleza das coisas bem feitas", título de Karen Stein para uma palestra sobre Donald Judd, é dos atributos que busco em meu trabalho.

This sideboard was created for an apartment in Soho, New York, near Prince Street, where Donald Judd lived prior to moving to Texas. Artistic references influenced the choice shape and material. The art in the apartment with which the sideboard would coexist was minimalist, even though not deriving from the artistic period defined as such. At times the boundaries between art and design are blurred, but design fulfills a functional need. In this case, the piece had to accommodate a stereo, books and CDs. I wanted it to transmit a feeling of lightness and Judd's sculptures were a recurring image. Working with asymmetry and rhythm, I designed a steel box with a removable back panel to allow for the passage of electrical cords. An architect friend, Iain Campbell, found an artisan in Long Island City who was able to perform imperceptible welds and create precise angles between the sides. "The beauty of well made things," the title of a Karen Stein talk on Judd, is an attribute I seek in my work.

POLTRONA QUADRADINHA [2008]
QUADRADINHA ARMCHAIR

Queria fazer uma poltrona leve, que usasse pouca madeira e fosse confortável. Estabeleci uma secção de 40×40 milímetros para o sarrafo que forma a estrutura. Para prender a almofada, já que ela era seria somente apoiada no assento, utilizei uma tira de couro passando pelos furos dos botões, atravessando a espuma e a madeira do encosto onde é presa com um nó. Quadradinha na forma e no conteúdo.

I wanted to make a light, comfortable armchair, using little wood. I set 40×40 mm sections for the slats that make up the structure. The cushion would only be resting on the seat, so to hold it on I used a leather cord passing through the button-holes, going through the foam and wood until it knots at the back. Boxy (*quadradinha*) in both form and content.

POLTRONA SERENA [2012]
SERENA ARMCHAIR

Como o encosto da poltrona Siri (p. 47) ficou muito confortável, ao começar a desenhar uma poltrona nova pretendi usar o mesmo sistema construtivo para encosto e assento, aproveitando a técnica já dominada pela Etel Marcenaria. Queria criar uma poltrona que tivesse duas versões: com e sem braços. Fiz uma série de esboços até chegar a uma forma que me agradava. O convívio com o desenho de uma cadeira é longo e as adequações são feitas pouco a pouco. No *mock-up*, executado em compensado e MDF, fizemos algumas alterações para o conjunto ficar mais harmônico. O resultado foi uma poltrona confortável, que pode ser usada com ou sem almofada. Para exportação, pode-se recorrer a uma versão de compensado folheado, menos suscetível a variações de clima que o sarrafeado maciço.

Since the back of the Siri armchair (p. 47) had turned out quite comfortable, I started out designing a new armchair with the same construction of the seat and the base, taking advantage of the technique that the craftsmen at Etel Workshop had already mastered. I wanted to make an armchair with two versions, with or without arms; and a series of sketches followed until I settled on a form. One coexists with the design of a chair for quite a long time, and adjustments are only made bit by bit. In the mock-up, which was made of plywood and MDF, we made a few alterations for harmony's sake. The result was a comfortable armchair that can be used with or without a cushion. For purposes of exportation, there is the option of veneer plywood, which is less susceptible to variations in climate than joined solid wood.

MESAS LATERAIS LUA [2012]
LUA SIDE TABLES

O alumínio é um material muito discutido quanto à sustentabilidade. Sua produção consome muita água e energia; por outro lado, é em grande parte reciclável. Queria fazer mesas laterais com tampos pequenos e usar algum material que contrastasse com a madeira. Resolvi testar o alumínio fundido em moldes de areia desenvolvidos por Janos Biezok. O resultado foram discos de superfície irregular que, mesmo depois de lixados, continuaram rugosos, embora no limite aceitável para um tampo de mesa. Gostei do contraste com o pinho-de-riga e outras madeiras. Para o mesmo pé, fiz uma opção com tampo de chapa de ferro encerada.

Aluminum is a hotly debated material in terms of sustainability. While it takes large quantities of water and energy to be produced, it is largely recyclable. I wanted to make small side tables and use some material that contrasted with the wood; and so I decided to try out sand-cast aluminum produced by Janos Biezok. The result was surfaces that were still wrinkled even after sanding, though near the acceptable limit for a tabletop. I liked the contrast with Scots pine and other woods. Using the same legs, I created another option with a waxed steel top.

LINHA BABEL E BANDEJA [2008]
BABEL SILVER LINE AND TRAY

A St. James é uma metalúrgica que produz objetos banhados em prata, normalmente de design tradicional. Baba Vacaro foi chamada para desenvolver uma linha contemporânea, e, além de seus produtos, convidou um grupo de designers para criar algo para a marca. Os processos produtivos eram de baixa tecnologia e o material utilizado era chapa de latão com banhos de prata posteriores. Pensei em algum produto cujo uso me incomodava. Lembrei-me de como é desajeitado retirar uma garrafa de um balde cheio de gelo e recolocá-la. Pensei em fazer um recipiente dentro de outro. O gelo ficaria entre os dois. Improvisei dois vasos para testar: a garrafa, mesmo não estando em contato direto com o gelo, ficava fria. Havia também a possibilidade de pôr água em volta da garrafa para gelar mais. Comecei então a trabalhar na forma que resultou em dois cones excêntricos. A petisqueira (p. 211) derivou do mesmo desenho e da mesma construção. Fiz também uma bandeja na qual usei Corian, material mais empregado em superfícies de cozinha, gravado com um desenho em espiral, para contrastar com a prata.

St. James is a company that produces silver-plated objects, generally in traditional designs. Baba Vacaro was invited to produce a contemporary line for them, and she called up a group of designers to create additional products as well. The process would be very low-tech; we would be working with brass that would later be dipped in silver. I tried to think of some product that I found clumsy, and recalled how difficult it can be to pull a bottle out of an ice bucket and then put it back. I thought of setting one vessel inside another with the ice between the two. I tried out two vases as a test: even though the bottle wasn't in direct contact with the ice, it stayed cold. There was also the possibility of submerging the bottle in water so it would get even colder. That was when I started working on this design, which would wind up in the form of two eccentric cones. The snack bowl (p. 211) came out of the same design and construction. I also made a tray using Corian, a material more commonly used in kitchen surfaces, and engraved a spiral design on it so as to contrast with the silver.

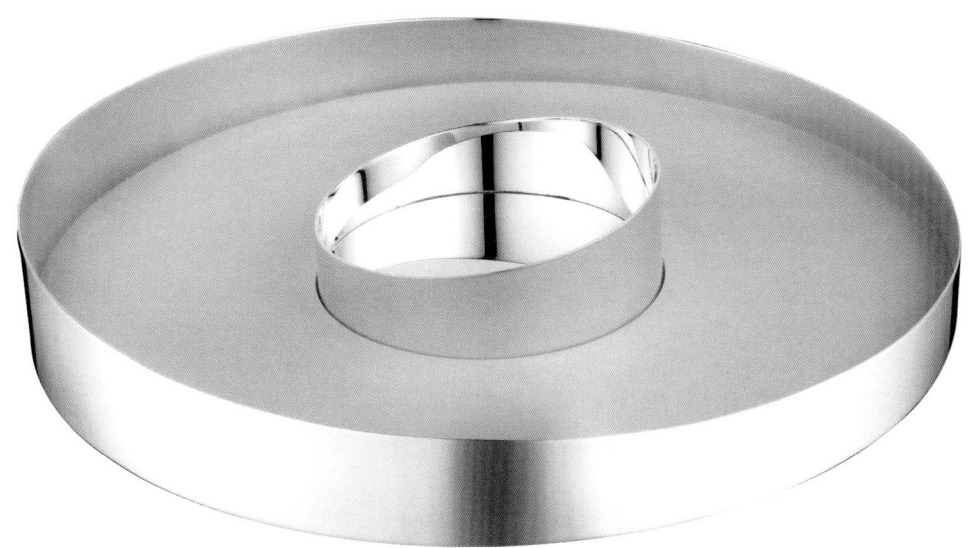

CASTIÇAL E CENTRO DE MESA [2012]
CANDLESTICK AND CENTERPIECE

Queria fazer alguns objetos usando madeira e outro material e pensei em testar o concreto UHPC (*ultra high performance concrete*) pela leveza e facilidade de moldagem. Comecei a desenhar um castiçal, que poderia ter a parte de concreto próxima à vela, eliminando-se o risco de a cera vazar para a madeira. Explorei linhas curvas, e o desenho resultou em um cilindro com vaga semelhança com a mesa Texturas (pp. 146-147), na qual misturei madeira e pedra. O desenho do centro de mesa partiu do mesmo conceito, com a intenção de criar uma linha de objetos.

I wanted to make a few objects using wood and another material and thought of testing out ultra-high performance concrete (UHPC), given its light weight and ease of shaping. I started to design a candlestick which could have part of the concrete near the flame, keeping wax from dripping onto the wood. I tried out curved lines, and the design turned out as a cylinder vaguely reminiscent of the Texturas table (pp. 146, 147), where I combined wood and stone. The design of the centerpiece came out of the same concept, with the idea of creating a line of objects.

MESA CANCAN [2012]
CANCAN TABLE

Projetei para um escritório uma mesa para a sala de reuniões que deveria ter pontos de elétrica e lógica no tampo. Os pés precisariam ser ocos para permitir a passagem dos cabos. Tinha visto alguns objetos feitos em concreto de alta performance, UHPC, um material leve, resistente e fácil de moldar. Dependendo do comprimento e da forma do tampo da mesa, poderia usar um número menor ou maior de pés fixos através de um conector simples. Procurei uma empresa no Rio de Janeiro que trabalhava com esse material, a Passeio Revestimentos, e fizemos o primeiro teste, mais simples, com formas cilíndricas de diâmetros variados. O resultado foram pés leves, de cor e textura agradáveis, que dariam um contraste com os possíveis materiais para os tampos. A ideia era criar mesas com tampos de diversas formas e dimensões, cujos pés cilíndricos estivessem dispostos de maneira a dar estabilidade e conforto para o uso. No caso de mesa de trabalho, o tampo pode ter uma ou mais caixas nos locais de saída dos pontos de energia e lógica.

I designed a table for an office conference room that needed to have surface data cables and power outlets. I wanted to make the legs hollow to allow the cables to run through them, and I'd seen some objects made in ultra-high performance concrete (UHPC)—a lightweight, strong, easily molded material. Depending on the length and the form of the surface, a simple connector allowed for the addition or subtraction of legs. I went to a company in Rio de Janeiro, Passeio Revestimentos, that works with this kind of material, and we made an initial simple test with cylinders in various diameters. The result was lightweight legs of a pleasant color and texture, which could contrast nicely with the material used for the surface. The idea was to create tables with differently sizes and shapes that could be used for working and dining, displaying the cilinders in order to give structure, stability and comfort. The tabletop could have one or more containers for the outlets and cables.

APARADOR GIGA [2012]
GIGA SIDEBOARD

Na feira ArtRio, realizada em 2012 no Rio de Janeiro, fui convidada para projetar o estande da Galeria Gagosian, que pela primeira vez participava de um evento desse tipo no Brasil. A feira ocorreu nos antigos armazéns do cais do porto e, além do projeto de um espaço de escultura, projetei o estande em que usei as poltronas Serena (p. 199), recém-saídas do forno, as mesas Lua (p. 204), de aço encerado, e fiz um aparador para guardar catálogos e apoiar esculturas. De novo busquei o contraste entre o freijó claro e as portas deslizantes em chapa de aço enceradas.

For the 2012 edition of ArtRio, that took place in Rio de Janeiro, I was invited to design the stand for the Gagosian Gallery. It was the first time that the gallery had participated in such an event in Brazil. The fair was held at the old warehouses at the docks. Besides designing the space for a sculpture exhibition, I designed the Gagosian booth, using Serena armchairs (p. 199), which were hot off the presses, the Lua side tables (p. 204) with waxed steel tops, and I made a sideboard to hold catalogues and support sculptures. Again in this piece, I sought a contrast between the light-colored *freijó* wood and the sliding doors in waxed steel.

MESA PACMAN [2012]
PACMAN TABLE

A loja de design paulistana Firma Casa inaugurou em 2011 um espaço dedicado a exposições de design mais autoral de peças únicas e edições limitadas. Sonia Diniz, proprietária da loja, e Waldick Jatobá, curador, convidaram-me para fazer uma exposição individual com esse conceito. Eu vinha fazendo experiências com concreto e alumínio fundido, sempre misturados a outros materiais. A mesa Cancan (p. 216), o aparador Giga (p. 221) e a mesa Lua (p. 204) fazem parte dessa leva. Queria fazer também uma mesa que servisse para lateral ou para centro, usando uma forma menos regular em concreto de aparência mais bruta e outro material de textura contrastante. O resultado foi um bloco em duas partes, com a inferior revestida de aço acetinado ou folha de madeira. A reentrância do tampo surgiu depois, como artifício para disfarçar a junta da folha de aço. A mesa, inclusive a parte de concreto, foi desenvolvida por Roque Grillo, da Grifel Marcenaria.

In 2011, the São Paulo design shop Firma Casa inaugurated a space dedicated to more individual design exhibitions, of one-of-a-kind pieces and limited editions. Sonia Diniz, the owner, and Waldick Jatobá, the curator, invited me to put on a solo show. I had been experimenting with concrete and cast aluminum, always mixed in with other materials. The Cancan table (p. 216), the Giga sideboard (p. 221) and the Lua table (p. 204) are all part of this group. I also wanted to make a table that could either be a side table or a coffee table, using a less regular shape, more raw-looking concrete, and another material with a contrasting texture. The result was a block in two parts, with the bottom lined with satin steel or wood. The recess in the tabletop came along later, as a way of disguising the veneer joint. The whole table, including the concrete, was produced by Roque Grillo at Grifel Marcenaria.

BANCO TANGENTE [2012]
TANGENT BENCH

Desenhei o banco Tangente para a exposição *Convívios* (p. 242), realizada na Firma Casa, dentro do conceito de peça de edição limitada. Nela estariam as mesas Pacman, Lua e Cancan, além do aparador Giga; o nome da mostra é uma referência à mistura de materiais que caracteriza essas peças. O *layout* da exposição se assemelhava a uma composição construtivista e eu queria um elemento que atravessasse o espaço; ao mesmo tempo, desejava sar madeira de demolição, e lembrava-me de ter visto belos caibros na Grifel Marcenaria. Defini então uma forma retangular, estreita e comprida; o desenho teve o mesmo ponto de partida do banco Deslocado: um exercício de geometria e equilíbrio enfatizado pela mistura da superfície rugosa e quente da madeira, o frio acetinado do retângulo de limestone e o concreto de superfície lisa, mas salpicado de pedras.

I designed the Tangent Bench as a limited edition piece for the *Convívios* (Commingling) (p. 242) exhibit that was held at Firma Casa. Within the exhibit were the Pacman, Lua and Cancan tables, as well as the Giga sideboard. The name of the show refers to the mixture of materials that characterize the pieces. The layout resembled a constructivist composition and I wanted an element that traversed the space. At the same time, I wished to use reclaimed wood and remembered seeing beautiful beams at Grifel Marcenaria, so I defined a long, narrow rectangular shape. The design shared the same starting point as the Deslocado bench—an exercise in geometry and balance emphasized by the mixture of the warm, rough surface of the wood, the satiny coolness of the limestone rectangle and the smooth, but gravel-studded, concrete surface.

   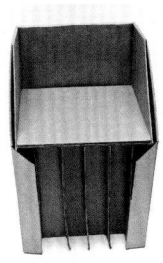 

1975-78

Cursa a escola Superior de Desenho Industrial (Esdi), da Universidade do Estado do Rio de Janeiro (UERJ).

Studied at Universidade Estadual do Rio de Janeiro (UERJ), at Escola Superior de Desenho Industrial (ESDI).

1977

Trabalha no Instituto de Desenho Industrial do Museu de Arte Moderna do Rio de Janeiro (IDI – MAM), onde participa de um projeto de mobília escolar. Seus móveis de papelão para uso em albergues, feitos em conjunto com Claudia Zarvos e Márcia Zoladz, ficam em segundo lugar num concurso realizado pela Câmara Americana de Comércio do Rio de Janeiro.

Worked at the Instituto de Desenho Industrial (IDI) at the Museu de Arte Moderna do Rio de Janeiro, (MAM-RJ), where she was involved in a school furniture project. The cardboard furniture she designed together with Claudia Zarvos and Márcia Zoladz for hostels won second place in a competition held by the American Chamber of Commerce of Rio de Janeiro.

1978

Estagia no Ministério da Indústria e Comércio, em departamento dirigido por Luis Blank. Orientada pelo professor Freddy Van Camp, faz o trabalho final de graduação sobre bibliotecas. O projeto seria implantado depois na própria Esdi.

Worked as an intern at the Ministry of Industry and Commerce in the department headed by Luis Blank. Under the guidance of Professor Freddy Van Camp, completed an undergraduate final project on libraries. Her design would later be adopted by ESDI itself.

1980-84

Em parceria com Pedro Luiz Pereira de Souza realiza projetos de instalação de escritórios em São Paulo, de uma creche em Araxá, Minas Gerais (arquitetura de Paulo Casé) e da casa de hospedes da Companhia Brasileira de Metarlugia e Mineração (CBMM)—assinada pelo arquiteto Roberto Cerqueira César, da Rino Levi Associados—, também em Araxá.

In partnership with Pedro Luiz Pereira de Souza, worked on an office space project in São Paulo, in a nursery in Araxá, Minas Gerais (architecture by Paulo Casé), and a guesthouse in Araxá for Companhia Brasileira de Metarlugia e Mineração (CBMM). The latter was signed by architect Roberto Cerqueira César of Rino Levi Associados.

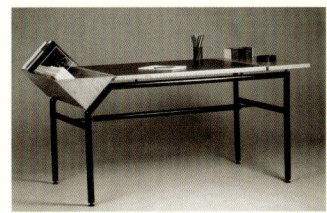

1981-84

Trabalha na equipe de design da Escriba Indústria de Móveis, participando do desenvolvimento de um sistema para bibliotecas.

Worked as a designer for Escriba Indústria de Móveis, helping to develop a system for libraries.

1986

Estabelece escritório próprio em São Paulo, onde desenvolve projeto de móveis e de interiores por encomenda.

Established an office in São Paulo focusing on made-to-order furniture and interior design projects.

1988

Passa a contar com a sociedade da arquiteta Liliana Saporiti em seu escritório de design de interiores.
É incluída no livro *Mobiliário brasileiro: a cadeira no Brasil*, de Vera Galli (São Paulo: Empresa das Artes).

Established partnership with architect Liliana Saporiti for interior design projects. Cited in the book *Mobiliário brasileiro: a cadeira no Brasil* [Brazilian furniture: chairs in Brazil] by Vera Galli (São Paulo: Empresa das Artes).

1988-1993

Cria coleções de mobiliário para a Nanni Movelaria, dirigida por Fulvio Nanni.

Designed furniture collections for Nanni Movelaria, directed by Fulvio Nanni.

1991

Inicia a colaboração com
a Etel Interiores, dirigida por
Etel Carmona, projetando
peças para produção artesanal
em baixas tiragens.

Began collaboration with
Etel Interiores, directed
by Etel Carmona, designing
pieces to be handmade
in limited numbers.

1994

Participa da Internacional
Contemporary Furniture Fair,
em Nova York.
Participa da mostra coletiva
Cadeiras Brasileiras, no Museu da
Casa Brasileira, em São Paulo,
com curadoria de Adélia Borges
e Guinter Parschalk.

Exhibited at the International
Contemporary Furniture Fair
in New York.
Participated in the joint exhibition
Cadeiras brasileiras [Brazilian
chairs], curated by Adélia
Borges and Guinter Parschalk
at the Museu da Casa Brasileira
in São Paulo.

1995

Seu trabalho é enfocado
no livro *O móvel moderno no Brasil*,
de Maria Cecilia Loschiavo
dos Santos (São Paulo: Studio
Nobel/ Fundação de Amparo a
pesquisa do Estado de São Paulo
– Fapesp/ Edusp – Editora da
Universidade de São Paulo).
Integra a exposição *Brasil faz
Design*, com curadoria de Marili
Brandão e Vanni Pasca,
realizada no consulado brasileiro
em Milão, no Museu da Casa
Brasileira (São Paulo) e no
Parque Lage (Rio de Janeiro).

Featured in the book *O móvel
moderno no Brasil* [Modern
furniture in Brazil] by Maria
Cecilia Loschiavo dos Santos
(São Paulo: Studio Nobel/
Fapesp/ Edusp).
Participated in the exhibition
Brasil faz design [Brazil designs],
curated by Marili Brandão
and Vanni Pasca and shown
at the Brazilian consulate in
Milan, Museu da Casa Brasileira
in São Paulo and Parque Lage
in Rio de Janeiro.

1998

A Casa França-Brasil realiza
mostra individual *Tradição
e transição – O design de Claudia
Moreira Salles*, no Rio de Janeiro,
organizada por Claudia Zarvos.

Held a solo exhibition, *Tradição
e transição – O design de Claudia
Moreira Salles* [*Tradition and
transition – The design of Claudia
Moreira Salles*] at Casa França-
Brasil in Rio de Janeiro and
organized by Claudia Zarvos.

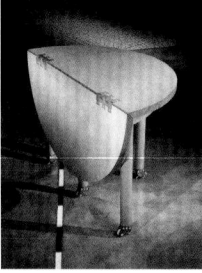

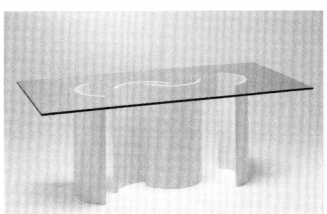

1999

Participa do projeto e da
exposição Casabimóvel,
promovidos pela Associação
Brasileira das Indústrias do
Mobiliário (Abimóvel) na Feira
Internacional de Vendas
e Exportação de Móveis (Fenavem),
Parque Anhembi, em São Paulo.
Integra a mostra *Design
e Natureza – Manejo Florestal*,
com curadoria de Marili Brandão
e Christian Ullmann, no
Shopping D&D, em São Paulo.
Participa da exposição *Paralelos
que se encontram*, no Rio Design
Center, organizada por Arnaldo
Danemberg e Chico Gouvêa.

Participated in the project and
exhibition *Casabimóvel* held by the
Brazilian Furniture Industry
Association at the International
Furniture Sales and Export Fair
at Anhembi Park in São Paulo.
Took part in the exhibition
Design e natureza – Manejo florestal
[Design & nature – Forest
management], curated by Marili
Brandão and Christian Ullmann
at Shopping D&D in São Paulo.
Participated in the exhibition
Paralelos que se encontram
[Intersecting parallel] at the Rio
Design Center, organized
by Arnaldo Danemberg and
Chico Gouvêa.

2000

Faz mobiliário para a Firma
Casa, de São Paulo.
Móveis de sua autoria, escolhidos
por Bia Lessa, são utilizados
no pavilhão do Brasil na Feira
de Hannover, Alemanha.
Participa da exposição *Design
e Natureza – Madeira certificada*,
com curadoria de Marili Brandão
e Christian Ullmann, no
Shopping D&D, em São Paulo.

Designed furniture for Firma
Casa in São Paulo.
Exhibited pieces selected
by Bia Lessa at the Brazilian
pavilion of the Hannover
Fair in Germany.
Participated in the exhibition
*Design e natureza – Madeira
certificada* [Design & nature –
Certified wood], curated
by Marili Brandão and Christian
Ullmann and held at Shopping
D&D in São Paulo.

2001

Colabora com o designer
José Roberto Calejo num projeto
de sofá e poltronas para
a Escriba Indústria de Móveis.
Participa da exposição *Design
e Natureza – Produtos amigáveis*,
com curadoria de Marili
Brandão e Christian Ullmann,
no Shopping D&D, em São Paulo.

Collaborated with designer
José Roberto Calejo on
a sofa and armchair project
for Escriba Indústria de Móveis.
Participated in the exhibition
*Design e natureza – Produtos
amigáveis* [Design & nature –
Environmentally friendly
products], curated by Marili
Brandão and Christian Ullmann
and held at Shopping D&D
in São Paulo.

2002

Participa da exposição coletiva
"Uma história do sentar",
no Museu Oscar Niemeyer,
em Curitiba, com curadoria
de Adélia Borges.
Participa da exposição
Lilás, um olhar feminino, com
curadoria de Ethel Leon,
na Escola Panamericana
de Arte, em São Paulo.
Seus móveis começam a ser
vendidos na loja Espasso,
em Nova York.

Took part in the joint exhibition
Uma história do sentar [A history
of sitting] at Museu Oscar
Niemeyer in Curitiba, curated
by Adélia Borges.
Participated in the exhibition
Lilás, um olhar feminino [Lilac,
a woman's perspective],
curated by Ethel Leon at the
Escola Panamericana de Arte
in São Paulo.
Representation in New York
by Espasso gallery.

2003

Faz desenhos de tapeçaria
para a Companhia de Tapetes
Ocidentais, de São Paulo.
Designed rugs for Companhia
dos Tapetes Ocidentais
in São Paulo.

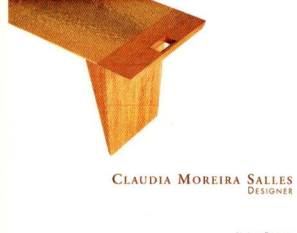

CLAUDIA MOREIRA SALLES
DESIGNER

ADÉLIA BORGES

BEÏ

2004

Desenvolve linha de móveis
para a Casa 21, em São Paulo.
É incluída na obra *Momentum —
Design contemporâneo
no Rio de Janeiro*, organizado
pelo Centro Design Rio
(Rio de Janeiro: Viana e Mosley/
Centro Design Rio).

Created a furniture line for
Casa 21 in São Paulo.
Cited in the book *Momentum –
Design contemporâneo
no Rio de Janeiro* [Momentum –
Contemporary design in
Rio de Janeiro], organized
by Centro Design Rio
(Rio de Janeiro: Viana
& Mosley/ Centro Design Rio).

2005

É incluída na obra *Design
Brasileiro — Quem fez, quem faz*,
de Ethel Leon (Rio de Janeiro:
Viana e Mosley).
Participa, em San Francisco,
da exposição Design brasileiro
contemporâneo, montada no
San Francisco Design Center,
com curadoria de Adélia Borges.
O Museu da Casa Brasileira
faz retrospectiva de seu trabalho,
com curadoria de Adélia Borges.
É publicado livro sobre sua obra
Claudia Moreira Salles: Designer,
de Adélia Borges (São Paulo:
BEI Comunicação).

Cited in the book *Design brasileiro
– Quem fez, quem faz* [Brazilian
design – Who did it, who does it]
by Ethel Leon (Rio de Janeiro:
Viana & Mosley).
Participated in the exhibition
Design brasileiro contemporâneo
[Contemporary Brazilian design]
at the San Francisco Design
Center, curated by Adélia Borges.
Retrospective held at Museu
da Casa Brasileira, curated by
Adélia Borges.
Publishing by BEI *Claudia Moreira
Salles: Designer*, written by Adélia
Borges

2006

Paço Imperial, no Rio de Janeiro,
faz retrospectiva de seu trabalho
com curadoria de Adélia Borges.
Participa da I Bienal Brasileira
de Design, na OCA, em São Paulo.

Retrospective at Paço Imperial
in Rio de Janeiro, curated
by Adélia Borges.
Participated in the I Bienal
Brasileira de Design at Oca
in São Paulo.

2007

Realiza projeto de cadeira para o Papa Bento XVI e cardeais para a celebração de missa na Basílica de Nossa Senhora Aparecida, em Aparecida, São Paulo.

Designed the chair for Pope Benedict XVI and the cardinals for the mass held at the Basílica de Nossa Senhora Aparecida in Aparecida, São Paulo.

2008

É incluída na obra *Design Brasil* vol. 3, organizado pela Casa Claudia (São Paulo: Editora Abril).

Cited in the third volume of *Design Brasil*, organized by the magazine *Casa Claudia* (São Paulo: Abril).

2009

Participa com a poltrona Siri da mostra coletiva *Rio+Design*, na Câmara de Indústria de Milão, em Milão.

Exhibited the Siri chair at the joint exhibition *Rio+Design* at the Milan Chamber of Industry.

2010

Participa da exposição coletiva *Viva a diferença*, no Pavilhão das Culturas Brasileiras, em São Paulo.
Realiza projeto de bancos para área de descanso do MAM-RJ, no Rio de Janeiro.
Participa com o banco Dominó da exposição *Imaginários Dpot — Uma viagem pela cultura brasileira*, com curadoria de Baba Vacaro, realização loja Dpot, no MuBE — Museu Brasileiro de Escultura, em São Paulo.
Participa com a poltrona São Conrado da *II Bienal Iberoamericana de Design*.
É incluída na obra *Design Brasil 101 anos de história*, organizado pela Casa Claudia (São Paulo: Editora Abril).

Took part in the joint exhibition *Viva a diferença* [Experience the difference] at the Brazilian Cultures Pavilion in São Paulo.
Designed benches for sitting areas at MAM-RJ in Rio de Janeiro.
Exhibited the Dominó bench at *Imaginários Dpot – Uma viagem pela cultura brasileira* [Dpot imaginaries – A journey through Brazilian culture], curated by Baba Vacaro at the Museu Brasileiro de Escultura in São Paulo.
Cited in the book *Design Brasil – 101 anos de história* [Design Brazil – 101 years of history], organized by the magazine *Casa Claudia* (São Paulo: Abril).

2011

Realiza a exposição individual
Paralelogramos, com curadoria
de Waldick Jatobá, na Galeria
Baró, em São Paulo.
A convite da Associação de
Assistência à Criança e ao
Adolescente Cardíacos e aos
Transplantados do Coração,
ACTC realiza com Baba Vacaro
a curadoria do projeto *Bordando
Design*, leilão beneficente
e exposição na Galeria Vermelho,
em São Paulo, participa com
a mesa Ilha.
Participa do primeiro Salão
Design São Paulo, organização
de Waldick Jatobá, na OCA
em São Paulo.
Convidada pela Escola São Paulo
em parceria com Baba Vacaro
realiza coordenação do Curso
1 Semestre de Design –
Processos Criativos, e também
realiza palestra individual.

Solo exhibition *Paralelogramos*
[Parallelagrams], curated
by Waldick Jatobá at the Baró
Galeria in São Paulo.
In partnership with Baba Vacaro,
curated the project *Bordando
design* [Embroidering design] at
the invitation of the Association
for the Assistance of Children
and Adolescents with Cardiac
Conditions or Heart Transplants.
Designed the Ilha table for the
affiliated charity auction and
exhibition at the Galeria Vermelho
in São Paulo.

Participated in the first Salão
Design São Paulo, organized
by Waldick Jatobá at Oca
in São Paulo.
Invited by the Escola São Paulo,
together with Baba Vacaro,
to coordinate the course "Um
semestre de design – Processos
criativos" [A semester of design
– Creative processes]; delivered
a solo lecture.

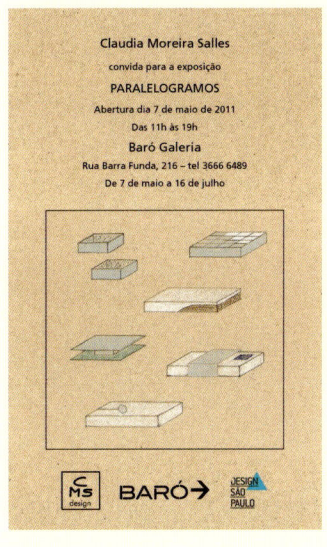

2012

Realiza projeto de exposição
de esculturas e estande para
Galeria Gagosian NY, para
ArtRio Feira Internacional de
Arte Moderna e Contemporânea
do Rio de Janeiro, no Píer Mauá,
no Rio de Janeiro.
Realiza exposição individual
Convívios, com curadoria de
Waldick Jatobá, na Firma Casa,
em São Paulo.
Participa com a mesa reverso
e a *poltrona Siri da exposição
From the Margin to the Edge:
Brazilian Art and Design in the
XXI Century*, com curadoria
de Rafael Cardoso, na Somerset
House, em Londres.
Participa com a luminária
Cantante versão em cobre,
da IV Bienal Brasileira de Design,
no Palácio das Artes, em Belo
Horizonte.

Designed a sculpture exhibit and
booth for the Galeria Gagosian
at ArtRio — Feira Internacional de
Arte Moderna e Contemporânea
do Rio de Janeiro at Píer Mauá
in Rio de Janeiro.
Held the solo exhibition *Convívios,*
curated by Waldick Jatobá at
Firma Casa in São Paulo.

Exhibited the Reverso table
and the Siri chair at the
exhibition *From the margin
to the edge: Brazilian art and
design in the XXI century,*
curated by Rafael Cardoso
at Somerset House in London.
Showed the copper version
of the Cantante light from
the IV Bienal Brasileira de
Design at Palácio das Artes
in Belo Horizonte.

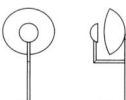

LUMINÁRIA CANTANTE BOWL
CANTANTE TABLE LAMP BOWL
650 × ø300 mm
PRODUÇÃO/PRODUCTION
Etel

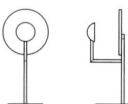

LUMINÁRIA CANTANTE REFLETOR
CANTANTE TABLE LAMP REFLETOR
650 × ø300 mm
PRODUÇÃO/PRODUCTION
Bertolucci

ARANDELA CANTANTE BOWL
CANTANTE SCONCE BOWL
270 × 320 mm
PRODUÇÃO/PRODUCTION
Etel

ARANDELA CANTANTE REFLETOR
CANTANTE SCONCE REFLETOR
270 × 320 mm
PRODUÇÃO/PRODUCTION
Bertolucci

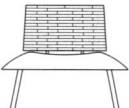

POLTRONA SIRI
SIRI ARMCHAIR
675 × 575 × 795 mm
PRODUÇÃO/PRODUCTION
Etel

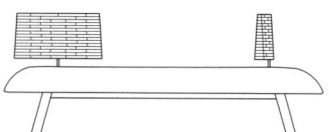

BANCO SIRI
SIRI BENCH
2000 × 1000 × 800 mm
PRODUÇÃO/PRODUCTION
Etel

CASTANHEIRAS
CASTANHEIRAS SNACK DISH
200 × 200 × 25 mm
PRODUÇÃO/PRODUCTION
Etel

BANCOS MAM
MAM BENCHES
1800×480×400 mm
840×480×400 mm
PRODUÇÃO/PRODUCTION
Estúdio CMS

BANQUINHO PARA O PAVILHÃO
DAS CULTURAS BRASILEIRAS
BENCH FOR THE PAVILION
OF BRAZILIAN CULTURES
630×480×440 mm
PRODUÇÃO/PRODUCTION
Estúdio CMS

POLTRONA CASTA
CASTA ARMCHAIR
730×650×750 mm
PRODUÇÃO/PRODUCTION
Dpot

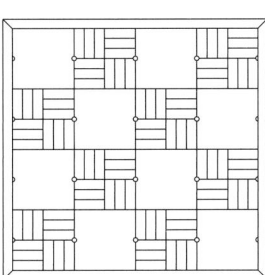

MESA DE CENTRO REVERSO
REVERSO COFFEE TABLE
1715×1715×405 mm
PRODUÇÃO/PRODUCTION
Etel

BIOMBO BANDEIRISTA
BANDEIRISTA SCREEN
2630×2560×380 mm
PRODUÇÃO/PRODUCTION
Estúdio CMS

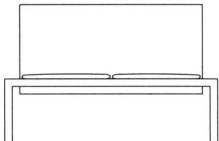

BANCO CAPELA
CAPELA BENCH
1400 × 580 × 930 mm
PRODUÇÃO/PRODUCTION
Estúdio CMS

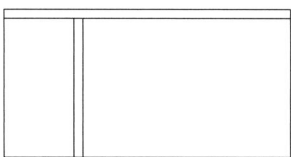

ALTAR CAPELA
FURNITURE FOR CHAPEL
1900 × 700 × 980 mm
PRODUÇÃO/PRODUCTION
Estúdio CMS

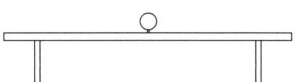

BANCO DOMINÓ
DOMINO BENCH
1900 × 900 × 350 mm
PRODUÇÃO/PRODUCTION
Dpot

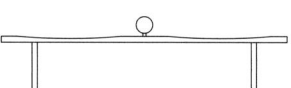

BANCO DOMINÓ [ESPECIAL]
DOMINO BENCH [CUSTOM]
1900 × 900 × 350 mm
PRODUÇÃO/PRODUCTION
Dpot

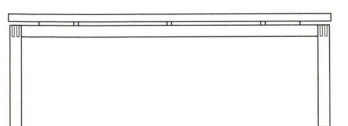

MESA PRÁTICA
PRÁTICA DESK
2100 × 850 × 750 mm
PRODUÇÃO/PRODUCTION
Etel

MESAS PRÁTICA [ESPECIAL]
PRÁTICA DESK [CUSTOM]
1900 × 800 × 760 mm
PRODUÇÃO/PRODUCTION
Etel

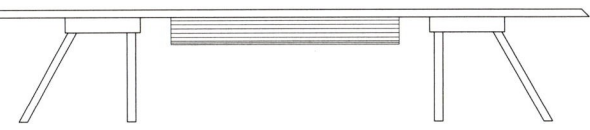

MESA ALR
ALR DESK
4000 × 1400 × 740 mm
PRODUÇÃO/PRODUCTION
Estúdio CMS

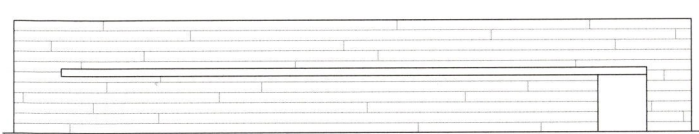

BANCO MEDEIROS
MEDEIROS BENCH
4390 × 1050 × 750 mm
PRODUÇÃO/PRODUCTION
Estúdio CMS

MESAS B1
B1 TABLES
2800 × 1100 × 750 mm
3200 × 1100 × 750 mm
4000 × 1100 × 750 mm
PRODUÇÃO/PRODUCTION
Estúdio CMS

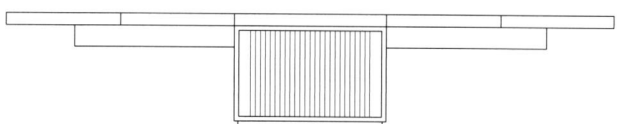

MESA B2
B2 TABLE
4000 × 1100 × 750 mm
PRODUÇÃO / PRODUCTION
Estúdio CMS

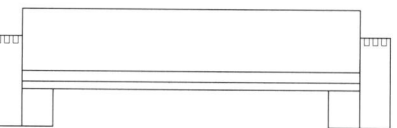

SOFÁ LARGO
LARGO SOFA
2600 × 1000 × 780 mm
PRODUÇÃO / PRODUCTION
Etel

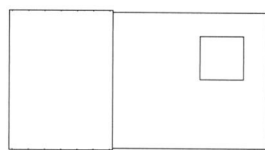

MESA DESLIZE
DESLIZE COFFEE TABLE
1700 × 900 × 290 mm
PRODUÇÃO / PRODUCTION
Estúdio CMS
edição limitada: 3 exemplares,
2 PA e 1 protótipo
limited edition of 3, 2 AP
and 1 prototype

MESA TEXTURAS
TEXTURAS COFFEE TABLE
1700 × 900 × 290 mm
PRODUÇÃO / PRODUCTION
Estúdio CMS
edição limitada: 3 exemplares,
2 PA e 1 protótipo
limited edition of 3, 2 AP
and 1 prototype

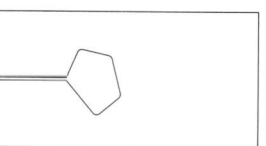

MESA CLAREIRA
CLAREIRA COFFEE TABLE
1700 × 900 × 290 mm
PRODUÇÃO / PRODUCTION
Estúdio CMS
edição limitada: 3 exemplares,
2 PA e 1 protótipo
limited edition of 3, 2 AP
and 1 prototype

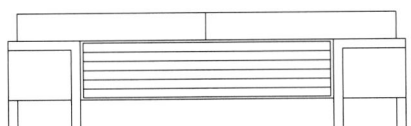

SOFÁ SÃO CONRADO
SÃO CONRADO SOFA
2600 × 780 × 780 mm
PRODUÇÃO/PRODUCTION
Etel

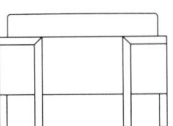

POLTRONA SÃO CONRADO
SÃO CONRADO ARMCHAIR
1100 × 880 × 780 mm
PRODUÇÃO/PRODUCTION
Etel

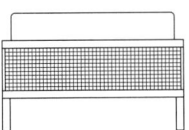

POLTRONA COSME VELHO LARGA
COSME VELHO ARMCHAIR,
LONG VERSION
1200 × 770 × 780 mm
PRODUÇÃO/PRODUCTION
Etel

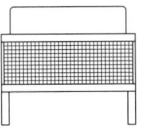

POLTRONA COSME VELHO
COSME VELHO ARMCHAIR
880 × 770 × 780 mm
PRODUÇÃO/PRODUCTION
Etel

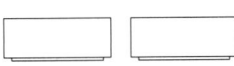

MESAS BILHAS E LIMALHA
BILHAS AND LIMALHA COFFEE TABLES
700 × 700 × 280 mm
PRODUÇÃO/PRODUCTION
Estúdio CMS
edição limitada: 3 exemplares,
2 PA e 1 protótipo
limited edition of 3, 2 AP
and 1 prototype

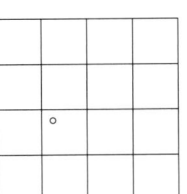

MESA LÂMINAS
LÂMINAS COFFEE TABLE
1200 × 1200 × 290 mm
PRODUÇÃO/PRODUCTION
Estúdio CMS
edição limitada: 3 exemplares,
2 PA e 1 protótipo
limited edition of 3, 2 AP
and 1 prototype

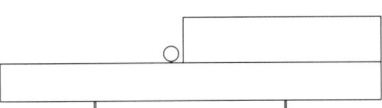

BANCO DESLOCADO
DESLOCADO BENCH
2510 × 370 × 630 mm
PRODUÇÃO/PRODUCTION
Estúdio CMS
peça única
unique piece

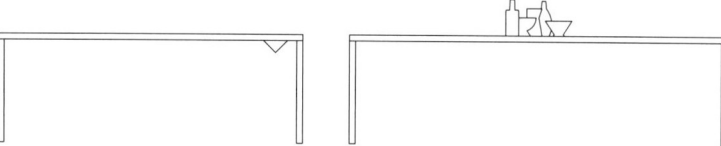

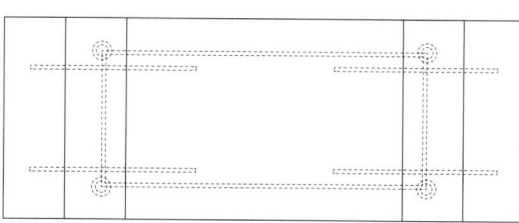

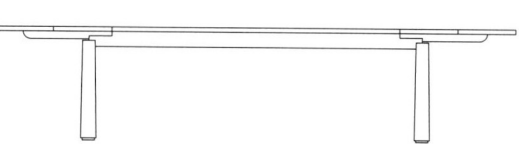

MESA FINA COM CANGURU
FINA DINING TABLE WITH CANGURU
2500 × 1000 × 720 mm
PRODUÇÃO/PRODUCTION
Etel

MESA FINA COM MEUMORANDI
FINA DINING TABLE WITH MEUMORANDI
2500 × 1200 × 720 mm
PRODUÇÃO/PRODUCTION
Etel

MESA EXTENSÍVEL
EXTENSÍVEL DINING TABLE
2640 × 1200 × 750 mm
PRODUÇÃO/PRODUCTION
Etel

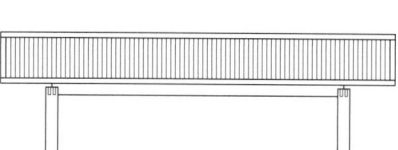

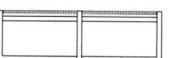

APARADOR ESTEIRA
ESTEIRA SIDEBOARD
2600 × 500 × 870 mm
PRODUÇÃO/PRODUCTION
Etel

MESA MANDALA
MANDALA COFFEE TABLE
ø 1065 × 330 mm
PRODUÇÃO/PRODUCTION
Casa 21

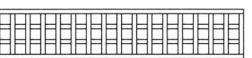

MESA DE JANTAR CUBOS LIBRES
CUBOS LIBRES DINING TABLE
5000 × 1450 × 730 mm
PRODUÇÃO/PRODUCTION
Etel

MESA CUBOS LIBRES
CUBOS LIBRES COFFEE TABLE
1630 × 1130 × 335 mm
PRODUÇÃO/PRODUCTION
Etel

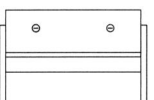

MESA BORDADO
BORDADO TABLE
ø 500 × 500 mm
PRODUÇÃO/PRODUCTION
Estúdio CMS
edição limitada: 3 exemplares
limited edition of 3

APARADOR SÃO BERNARDO
SÃO BERNARDO SIDEBOARD
2300 × 550 × 420 mm
PRODUÇÃO/PRODUCTION
Estúdio CMS

POLTRONA QUADRADINHA
QUADRADINHA ARMCHAIR
970 × 720 × 600 mm
PRODUÇÃO/PRODUCTION
Etel

POLTRONA SERENA [COM BRAÇO]
SERENA ARMCHAIR
750 × 775 × 730 mm
PRODUÇÃO/PRODUCTION
Etel

POLTRONA SERENA [SEM BRAÇO]
SERENA ARMCHAIR
730 × 700 × 730 mm
PRODUÇÃO/PRODUCTION
Etel

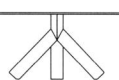

MESAS LATERAIS LUA
LUA SIDE TABLES
ø900 × 440 mm
ø650 × 410 mm
ø600 × 380 mm
PRODUÇÃO/PRODUCTION
Firma Casa
edição limitada: 8 exemplares
de cada medida, 2 PA e 1 protótipo
limited edition of 8 for each
measure, 2 AP and 1 prototype

CASTIÇAL
CANDLESTICK
ø50 × 230 mm
PRODUÇÃO/PRODUCTION
Etel

CENTRO DE MESA
CENTERPIECE
ø320 × 90 mm
PRODUÇÃO/PRODUCTION
Etel

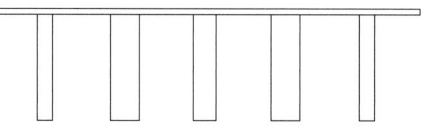

MESA CANCAN
CANCAN TABLE
2800 × 1100 × 740 mm
PRODUÇÃO/PRODUCTION
Firma Casa
edição limitada: 8 exemplares,
2 PA e 1 protótipo
limited edition of 8, 2 AP
and 1 prototype

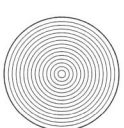

BANDEJA CORIAN
CORIAN TRAY
ø380 × 60 mm
ø250 × 45 mm
ø120 × 30 mm
PRODUÇÃO/PRODUCTION
St. James

BABEL BALDE DE GELO
BABEL ICE BUCKET
ø250 × 180 mm
PRODUÇÃO/PRODUCTION
St. James

BABEL PETISQUEIRA
BABEL SNACK BOWL
ø270 × 40 mm
PRODUÇÃO/PRODUCTION
St. James

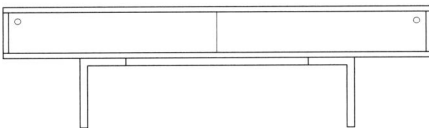

APARADOR GIGA
GIGA SIDEBOARD
2800 × 500 × 800 mm
PRODUÇÃO/PRODUCTION
Firma Casa
edição limitada: 8 exemplares,
2 PA e 1 protótipo
limited edition of 8, 2 AP
and 1 prototype

MESA PACMAN
PACMAN TABLE
1000 × 650 × 360 mm
1000 × 650 × 310 mm
PRODUÇÃO/PRODUCTION
Firma Casa
edição limitada: 8 exemplares
de cada medida, 2 PA e 1 protótipo
limited edition of 8 for each
measure, 2 AP and 1 prototype

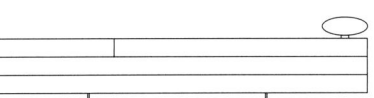

BANCO TANGENTE
TANGENT BENCH
2500 × 360 × 410 mm
PRODUÇÃO/PRODUCTION
Firma Casa
edição limitada: 3 exemplares
limited edition of 3

TEXTO/TEXT
CLAUDIA MOREIRA SALLES
KAREN STEIN
TRADUÇÃO/TRANSLATION
FLORA THOMSON
LAURA FOLGUEIRA
DAWN KELLY
REVISÃO/PROOFREADING
ERIKA NAKAHATA
JANAINA LIRA
CARLOS ALBERTO BÁRBARO
ADRIANA DE MATTEO
PROJETO GRÁFICO/DESIGN
WARRAKLOUREIRO

BEÏ EDITORA
DIREÇÃO EDITORIAL/EDITORIAL DIRECTORS
MARISA MOREIRA SALLES
TOMAS ALVIM
EDITORIAL/EDITOR
LAURA AGUIAR
ESTAGIÁRIA/TRAINEE
ISABELA TALARICO
DIREÇÃO DE ARTE/ART DIRECTOR
MARISA MOREIRA SALLES
ARTE/DESIGNER
ALEXANDRE COSTA
PRODUÇÃO GRÁFICA/GRAPHIC PRODUCER
LUIS ALVIM
DIREÇÃO COMERCIAL/COMMERCIAL DIRECTOR
TOMAS ALVIM
ADMINISTRATIVO/ADMINISTRATIVE STAFF
ANA PAULA GUERRA
GERCILIO CORRÊA
RENATA REIS
DIREÇÃO EXECUTIVA/EXECUTIVE DIRECTOR
MAURÍCIO CASTRO DA SILVA

COMERCIAL
comercial@bei.com.br
ASSESSORIA DE IMPRENSA
assessoria@bei.com.br

AGRADECIMENTOS/ACKNOWLEDGEMENTS

Agradeço a Liliana Saporiti,
minha sócia, e à equipe do estúdio:
Adriana Marques Cardoso,
Marcelo dos Santos, Simira Borges
e, especialmente, Luiza Montemor,
pela importante colaboração
da produção deste livro.
E ainda a Laura Aguiar, Luis Alvim,
Marisa Moreira Salles e Tomas Alvim,
da Beï Editora.

DADOS INTERNACIONAIS DE CATALOGAÇÃO NA PUBLICAÇÃO (CIP)
(CÂMARA BRASILEIRA DO LIVRO, SP, BRASIL)

Salles, Claudia Moreira
Claudia Moreira Salles/ [texto/text Claudia Moreira Salles,
Karen Stein; tradução/ translation Flora Thomson,
Laura Folgueira]. — São Paulo: Beï Comunicação, 2013.
Edição bilíngue: português/inglês. Bibliografia.
ISBN 978-85-7850-099-3
1. Desenho industrial 2. Design 3. Designers de móveis 4. Salles,
Claudia Moreira I. Stein, Karen.
13-02313   CDD-749.2

ÍNDICE PARA CATÁLOGO SISTEMÁTICO:
1. Designers de móveis: Artes 749.2

Esta obra foi composta por warrakloureiro na fonte grotesque
e bell gothic e impressa sobre o papel Gardapat Kiara 135 g/m²
pela Ipsis Gráfica e editora em março de 2013

BEĨ
RUA DR. RENATO PAES DE BARROS 717 CJ 54
04530-001 SÃO PAULO SP BRASIL
TEL [55 11] 3089 8855
FAX [55 11] 3089 8899